Superar | la depresión

Superar | la depresión

Ánimo para tu corazón

Wunibald Müller

Título original: Dein Herz lebe auf
© by Vier- Türme GmbH, D-97359 Münsterschwarzach Abtei

Müller, Wunibald
   Superar la depresión - 1a ed. - Buenos Aires : Bonum, 2007.
   96 p. ; 22x15 cm.

   ISBN 978-950-507-973-5

   1. Autoayuda. I. Título
   CDD 158.1

Traducción: Evelina Blumenkranz
Diagramación: Beton
Corrección: Ignacio Lo Russo
Diseño de tapa: Donagh|Matulich

© 2007, Copyright por Editorial Bonum
Av. Corrientes 6687 - C1427 BPE Buenos Aires
República Argentina
Telefax: (01) 4554-1414
ventas@editorialbonum.com.ar
www.editorialbonum.com.ar

Impreso en la Argentina
Es industria argentina

ISBN: 978-950-507-973-5

Prólogo

Se dice que C. G. Jung afirmó que la depresión se parece a una dama de negro. Cuando aparece, él recomienda no despedirla sino invitarla a la mesa y escuchar qué tiene para decir.

Las siguientes explicaciones quieren invitar a ello. Éstas informarán sobre los distintos modos de manifestación y las causas de las depresiones, y mostrarán salidas de la depresión, teniendo en cuenta principalmente aspectos psicoterapéuticos, espirituales y de cura de almas. Lo mismo se aplica también para hallar un sentido en la depresión, o al menos en ciertas experiencias que se asignan al campo de las experiencias depresivas. De tal modo, la depresión puede recordarnos, entre otras cosas, que el aspecto oscuro, negro, gris, no pertenece menos a nuestra vida que el aspecto feliz, claro y multicolor. Puede revelarse inclusive como *sol Níger*, como sol negro, que no es menos valioso para nuestra vida que el sol dorado. Se trata de apreciar el aspecto oscuro en nosotros, y no simplemente pasarlo por alto, si es que queremos corresponderle y aprovechar las posibilidades que pone a disposición para nuestro proceso de crecimiento psíquico y espiritual.

El presente libro está dirigido a las personas que desean comprender mejor las propias experiencias de depresión, y buscan estímulos y ayudas espirituales y psicológicas para dominarla. Simultáneamente busca apoyar en su esfuerzo a aquellas personas que acompañan a seres depresivos.

Muchos de los pensamientos y experiencias reunidos aquí los he presentado en jornadas de la institución ético-social *Sozialethische Arbeitsstelle* en Hamm, y de la escuela *Domschule* en Wurzburgo. El gran interés que experimenté en esas ocasiones, me confirmó que la experiencia de la depresión, consciente o inconsciente, desempeña un papel en mayor o menor medida relevante en la vida de muchos, quizá de la mayoría de las personas; y que el deseo de dominarla o comprenderla es grande.

Dedico este libro a mi amigo Karl Josef Ludwig en su cumpleaños número 60. Con él pude compartir muchas horas y días soleados y oscuros, de los que no quisiera olvidar ninguno. Quisiera agradecer a Magdalena Robben y a Andreas Wagner por sus importantes y valiosas sugerencias.

Wunibald Müller

Capítulo 1

Depresión: ¿la enfermedad de nuestro tiempo?

El alma se lamenta

"Los estados depresivos comienzan de manera tal, que las cosas que nos significan mucho pierden su sentido; sentimos que interiormente nos debilitamos y nos volvemos frágiles; buscamos algún sostén en personas, cosas, ocupaciones. Si el sentimiento vuelve a elevarse junto a esta ancla, el futuro será más fácil, quizá lo olvidemos por completo. Pero acaso perdure el temor de que nos vuelva a suceder; entonces desconfiamos de nuestro sentimiento, y por ende también del futuro. Si no logramos retornar a un contacto vivo, nos lamentamos como alguien que se ahoga y se aferra a todo lo que parece ofrecerle esperanza. Nuestro estado es el de Ahasvero, que no encuentra calma en ningún sitio. Las ideas se desplazan vacías y giran siempre en torno a las mismas cosas.

Por último, aparece el completo agotamiento de los sentimientos, nos apagamos, y esto es lo más difícil de soportar. Entonces podemos deambular como un muerto y esperar, esperar... Tenemos una única necesidad: que nada perturbe la paciencia. Si se extiende demasiado tiempo y el sentimiento no regresa, entonces aparece la desesperación; no podemos dar marcha atrás hacia la vida; la vida pasó junto a nosotros mientras estuvimos quietos y ya no la recuperamos.

Entonces nos hundimos en la profundidad, hurgamos en nuestras almas; ya que en la emoción de la tristeza, de la desesperación, de lo demoníaco, al menos existe una sensación de vida, aunque gire alrededor de sí misma. El alma se lamenta, está ocupada, está hinchada. Las presiones avanzan, no manejamos nosotros mismos, somos llevados. Si nos esforzamos en luchar contra las presiones, ellas crecen; pero si logramos emerger por un momento, llega la esperanza. Si lo logramos por segunda vez, esta esperanza crece hasta el éxtasis. Pero luego se produce la recaída. Aparece el desánimo: no sirvió de nada; de inmediato todas las antiguas decepciones reaparecen, y el peso de éstas nos hunde en el suelo, cada vez a mayor profundidad. Estamos hundidos en nosotros mismos y otra vez escapamos hacia cualquier lugar donde la situación sea más liviana y tolerable, si al menos tenemos la sensación o la calma sin pensar: un sueño, un velo sobre todo".

De esta forma describe el escritor Reto Roos sus experiencias depresivas (en: Binswanger 1960, 53s.)

La depresión: ¿una enfermedad generalizada?

Eugen Kennedy, uno de los psicólogos pastorales líderes de los Estados Unidos, denomina a la depresión como una enfermedad generalizada. Con características muy diferenciadas, forma parte de la vida diaria. Según un estudio americano, la depresión está actualmente diez veces más difundida que antes de la Segunda Guerra Mundial (Comp. Mayo de 1991). El médico e investigador renombrado de la depresión Daniel Hell (1997, 42) escribe al respecto:

"La frecuencia de las enfermedades depresivas depende, en primer lugar, de los criterios utilizados para el diagnóstico de la depresión, y de la selección de los grupos poblacionales analizados. La transformación de los métodos de registro durante los últimos diez años ha llevado a cifras de depresión mucho más altas en la población en general, de lo que antes era imaginable."

Por otra parte, es digno de observar que en el curso de la historia, se ha transformado el concepto de lo que actualmente entendemos por depresión:

"Desde que los griegos denominaron 'melancolía' al dolor psíquico (bilis negra), en medicina se han modificado muchas veces las denominaciones de esta enfermedad. Así por ejemplo, en la Edad Media se denominó **Acedia** (apatía) al estado de melancolía y, de acuerdo con la concepción del mundo religioso de aquella época, era comprendido en cierto modo como pecado. Con el surgimiento de la medicina basada en las ciencias naturales, en el siglo XIX comenzó a imponerse cada vez más el concepto de **depresión** (abatimiento). No obstante, la cuestión comprobada mediante diversos conceptos habría continuado básicamente igual." *(Hell 1997, 26)*

Daniel Hell, al igual que Kennedy, estima el número de personas que padecen de depresión como alarmantemente alto. Si bien el riesgo de enfermar de una depresión severa es, por un lado, relativamente bajo, existe por el otro el riesgo de que uno de cada cinco individuos atraviese como mínimo una vez en la vida un estado depresivo:

"Las enfermedades maníaco-depresivas o cíclico-depresivas severas, que dieron lugar en primer término al concepto 'depresión', representan una minoría microscópica de los casos de depresión. Éstas se manifiestan en aproximadamente el uno por ciento de la población. Son mucho más habituales los estados depresivos de poca duración o no tan graves. Como mínimo una de cada cinco personas padecería de estos episodios depresivos, que en todos los casos provocan una limitación temporaria del modo de vida, una o más veces en el curso de su vida.

Entre el diez y el veinte por ciento de todos los pacientes que acuden a un médico local, serían depresivos, aunque no estén conscientes de ello y se quejen de síntomas físicos. El riesgo de ser depresivo una vez en la vida se encuentra entre el diez y el quince por ciento para los hombres, y entre el veinte y el treinta por ciento para las mujeres. La tendencia indica que el peligro de depresión parece aumentar. Al mismo tiempo se observa una equiparación de la capacidad de depresión entre ambos sexos." *(Hell 1997, 42 y 27s.)*

Las numerosas caras de la depresión

La depresión se trata de un fenómeno complejo que presenta muchas caras. Entre las modificaciones que pueden caracterizar la presencia de una depresión, se encuentran, entre otras:

- cambios en los hábitos alimentarios; insomnio o hipersomnio; poca energía o cansancio y aburrimiento permanentes,
- la sensación de insuficiencia o culpa; pérdida de interés o motivación con relación a los ámbitos de actividad que antes eran considerados importantes,
- reducida capacidad de atención y concentración,
- alejamiento de grupos y amigos,
- desinterés sexual,
- lentificación física y mental,
- incremento de la irritabilidad,
- visión pesimista del futuro,
- estar próximo a llorar; llorar; expresión triste de la cara,
- pensamientos relativos a la muerte y el suicidio, etc.

Estos síntomas pueden aparecer en diversas combinaciones y, según el grado de una depresión, varían en intensidad. Por regla general, se distingue entre depresiones graves y leves, así como desazón leve pero prolongado.

Depresión psicótica y maníaco-depresiva

Entre las depresiones más graves se encuentra la depresión *psicótica*, que va más allá de un modo de reacción sensible y comprensible, y muchas veces va de la mano de delirios o alucinaciones. También la depresión *maníaco-depresiva*, que alterna entre estados depresivos y maníacos ("euforia intensa –depresión profunda"), puede consignarse como una depresión grave.

"Gloria, una mujer de cuarenta y ocho años de edad, atravesó el año pasado una etapa de abatimiento, tristeza y apatía, que se prolongó durante varios meses. Pero en estos momentos su estado es 'simplemente fantástico', tal como ella misma lo expresa. Tiene más energía que antes, trabajó durante dieciséis horas por día en su primera novela, y cuenta que ahora tiene una idea brillante para un guión. Sus conocidos en el gimnasio están impresionados por la vitalidad y resistencia de Gloria, pero sus amigas y amigos más cercanos perciben tensiones en sus relaciones con ella y se preocupan por su hiperactividad. Cierta amiga comentó hace poco, que Gloria actúa como si estuviera a todo vapor. Su esposo se queja de no poder entenderse con ella; él dice: 'últimamente casi no la entiendo, porque habla tan rápido y salta de un tema al otro.'" *(Rosen/Amador 1998, 48s.)*

Laura Epstein Rosen y Xavier Francisco Amador (1998, 49s.) llegan a la conclusión, a partir del hecho, de que "Gloria atravesó el año pasado una etapa depresiva" y ahora se comporta eufóricamente, "que ella padece de un trastorno maníaco-depresivo". Durante la etapa depresiva, los pacientes maníaco-depresivos muestran los síntomas característicos de una depresión grave, tales como una notable falta de interés por las actividades habituales, trastornos del sueño y del apetito, falta de energía, sentimientos de desvalorización o excesivos sentimientos de culpa.

"Durante la etapa maníaca, los síntomas cambian repentinamente a lo contrario. El elemento maníaco puede manifestarse a través de euforia, hiperactividades, comportamiento agresivo, irritabilidad, grandiosidad y reducida capacidad de juicio."

Depresión neurótica

Entre las depresiones leves se distinguen las depresiones neuróticas, narcisistas y psicorreactivas.

Corresponde a las depresiones leves, principalmente la depresión
neurótica, que se extiende, por regla general, durante un lapso de
—como mínimo— dos años, y cuyos síntomas no son tan severos
como en la depresión grave. La depresión neurótica se manifiesta,
entre otras características, por un estado de ánimo decaído, en la
tendencia hacia reproches y culpas a sí mismo, en sentimientos de
inferioridad, en el retraimiento, en la falta de empuje y en ideas de
suicidio. Síntomas físicos de una depresión neurótica son el
agotamiento repentino, trastornos del sueño, dolores de cabeza,
mareos, molestias en el funcionamiento estomacal e intestinal con
falta de apetito, hambre intensa y molestias al tragar.

Podemos hallar la depresión neurótica principalmente en personas que tienden a aferrarse a los demás, que están orientadas hacia
los logros y son rígidamente escrupulosas, que orientan sus
sentimientos agresivos contra sí mismas.

Las depresiones neuróticas pueden ser provocadas por separa-
ciones, desvalorizaciones aceptadas por otros como relevo,
casamiento de un hijo, abandono; la modificación del *statu quo*
que hasta ese momento proporcionaba protección, por ejemplo, a
través de una mudanza, un ascenso, un embarazo; situaciones
generales de la independización y del estar solos.

Hace ocho meses, el señor Meier fue designado director de
un bachillerato con orientación humanística. El señor Meier,
profesor de Alemán, era querido por sus alumnos. Él sabía cómo
despertar el interés de ellos por esta materia.

Un colega y conocido notó que desde su ascenso, el señor Meier, más que feliz, estaba temeroso. Él despertaba la impresión de tener cierta carga, y a menudo parecía muy triste.

Cierto día invitó al señor Meier a su casa y se refirió a sus observaciones. No tardó mucho hasta que el señor Meier pudiera manifestar al respecto, que evidentemente había sido un error permitir que lo designasen director, abandonando la verdadera actividad docente y, para realizar, principalmente, tareas administrativas. Él se sentía sobreexigido, y aquello que debía hacer, era todo lo contrario de lo que había esperado.

Siempre estaba en el centro del interés, debía tomar decisiones rápidas, era algo así como un ejecutivo, y a veces se sentía tan mal e incompetente, y últimamente insignificante, que directamente ya no podía cumplir correctamente con su tarea. Ya no confiaba en sus decisiones. Cada vez tenía menor capacidad para reaccionar frente a lo que le exigían, con el resultado de que las pilas en su escritorio eran cada vez más altas. Él sentía temor de presentarse públicamente como director, y una y otra vez imaginaba que enfermaría para evitar tales apariciones. Pensaba muchas veces en la muerte, y leía los avisos fúnebres con una atención que antes no les prestaba. Quizá falleciera de un infarto cardíaco y se librara así del trabajo. En todos los casos, sería una posibilidad.

El colega escuchó atentamente las palabras que contaba el señor Meier, y estaba asombrado del cambio que se había producido en su vida a partir de su ascenso. Era un hombre exitoso que, poco tiempo después de su ascenso, pensaba de sí mismo que estaba en el final. El colega le preguntó qué extrañaba de su vida anterior, qué creía haber perdido. Entre lágrimas, el señor Meier contó de su actividad docente, de sus escritos, del tiempo que tenía antes para leer. Continuó diciendo: "Hace un tiempo tomé en mis manos el libro *La muerte de Ivan Ilich*, de Tolstoi, y me descubrí a mí mismo en él. 'El verdadero horror de la muerte' dice Tolstoi, 'es el reconocimiento de que realmente no hemos vivido nuestra vida, de que no hemos hecho aquello que anhelamos en lo más profundo'. Me siento como una cáscara de nuez." "¿Te sientes verdaderamente encerrado?", preguntó el colega: "¿Has agotado todas tus posibilidades? Encontrémonos una y otra vez, y ocupémonos de ello." *(Comp. Fairchild 1980, 8s.)*

En el caso del señor Meier, el hecho que lo condujo a una depresión fue el ascenso, que trajo aparejado la pérdida de algo que hasta ese momento le significaba mucho, como su actividad docente y sus escritos. Significó la pérdida de competencia, satisfacción en la vida y seguridad.

Depresión narcisista

Entre las depresiones más leves se cuenta también la depresión *narcisista*, que aparentemente se incrementó en los últimos años, al igual que, de acuerdo con el médico y especialista en psicología profunda Jürg Wunderli (1990, 88s.), ha aumentado el número de casos de trastornos narcisistas de la personalidad. Los principales síntomas de la depresión narcisista son los siguientes:

- sensación de vacío interior
- desgano laboral
- temores no específicos
- trastornos en las relaciones con otras personas
- dificultades para percibir y vivir los propios sentimientos y necesidades
- fantasías de grandeza fundadas en una estructura de la personalidad marcada profundamente por inseguridad propia y un equilibrio deficiente del sentimiento de autoestima.

Según Wunderli (1990, 44), el anhelo de cariño y protección, y el deseo de reflejarse en una persona de referencia querida, y no obstante ser percibido como un ser propio con sus particularidades, son necesidades de relevancia existencial. Su satisfacción es determinante para el desarrollo de un saludable sentimiento de autoestima. Es posible designar a este paquete de necesidades como *narcisismo normal,* que se aplica a cualquier persona. En caso de que falte la forma descripta de dedicación, puede derivar en desarrollos equivocados como en el caso de la depresión narcisista.

Un síntoma central del padecimiento de la depresión narcisista es el *vacío interior.* Éste se manifiesta en el hecho de que las personas afectadas sufren desgano e inhibición en el trabajo, y tristeza de la vida. Actúan apáticas, pasivas, sin fuerzas; no están en condiciones de alegrarse de algo y enfrentan la vida sin un verdadero compromiso. Este vacío interior crea la sensación de desamparo. Muchas veces también los familiares, amigos y terapeutas están desarmados cuando están frente a la desesperación que el vacío interior provoca en el depresivo narcisista. Wunderli (1990, 47) informa sobre el trabajo terapéutico con su paciente Francisca, que padecía de una depresión narcisista:

"Las horas con ella estaban una y otra vez 'colmadas' de un vacío carente de esperanza. Francisca casi no decía nada, pero al final de la sesión generalmente se sentía mucho mejor y aliviada, si bien también yo por lo general callaba, como si ella hubiera podido depositar su carga en mí. De tal modo, cierta vez escribí en mis notas posteriores a la sesión: siempre lo mismo con ella; quizá llegue relativamente alegre, pero durante la sesión la domina un sentimiento de gran debilidad y vacío. Luego, cuenta que en su camino a casa, por lo general se siente más aliviada y distendida.

También dijo ya, que recibe mucha fuerza de mí. Eso a pesar de que casi no digo nada, no hago nada, simplemente estoy allí. Y yo mismo estoy inmensamente frustrado durante la sesión. Es realmente como si sus sensaciones de vacío se traspasaran a mí. En la transferencia recíproca se produce un intercambio. Ella carga combustible en mí, y yo quedo cansado y somnoliento."

A veces, quienes padecen una depresión narcisista, no están conscientes de que están interiormente vacíos, ya que están acostumbrados a reprimir sus sentimientos. Ellos disimulan su vacío, teniendo siempre algo para hacer, no dándole descanso a su interior. Logran incluso, que los demás tengan la impresión de que son especialmente activos y dinámicos. Corren de una cita a la otra, tanto en el ámbito laboral como en el privado, y despiertan la sensación de estar en plena actividad en el trabajo y en la vida. Detrás de la fachada de una persona así se esconde, sin embargo, un vacío profundo y tedioso. En estos seres, muchas cosas funcionan de manera puramente mecánica, la actitud, los gestos, las expresiones, el modo de hablar, toda la persona parece insensible y fingida. Aun cuando 'funcionan' de lo mejor, en realidad son personas sin vida.

Según Wunderli (1990, 53s.), tales personas tienden "a invertir su energía mental en su *fachada*. En lugar de la vida de sentimientos, su fachada adquiere importancia central para ellas... Dado que se comportan en forma sumamente correcta, también tienen buenas posibilidades de ascenso profesional, lo que es muy importante para ellas, ya que generalmente son ambiciosas. No es poco habitual que una persona así opte por una profesión en la que deba intervenir a favor de los demás. Esto tiene relación con el hecho de que le resulta mucho más difícil admitir las propias necesidades, temores, insuficiencias, etc. que preocuparse de los deseos de los demás. Naturalmente, sería muy parcial y también equivocado, cuestionar la vocación de todos los médicos, asistentes, terapeutas, trabajadores sociales, párrocos o maestros, y descalificarlos como personas-fachada, que gustan cosechar laureles". Pero estas profesiones se adecuan especialmente bien para relegar el desarrollo de la propia vida emocional.

Un sentimiento de autoestima inseguro es otra de las características de la depresión narcisista. Así lo considera Wunderli (1990, 57s.): "el sentimiento de autoestima débil de un hombre que no sabe esconderse detrás de una fachada perfecta, se muestra de diversas maneras: él no cree en sí mismo y, en consecuencia, tampoco encuentra una base dentro de sí; carece de seguridad interior y de protección; no puede aceptarse tal como es, ya que debería ser totalmente distinto; por ende tampoco puede amarse a sí mismo; carece un hogar interior.

Todos los pacientes... son extremadamente susceptibles; es decir, no toleran *ofensas*. Hasta los agravios objetivamente leves pueden provocar una ofensa que perdura mucho tiempo." Dado que el sentimiento de autoestima representa la sensación del propio valor, y confiere seguridad interior y bienestar emocional, en cualquier depresión se produce un debilitamiento del sentimiento de autoestima. "Los depresivos narcisistas se ven especialmente afectados, porque una autoestima débil caracteriza, por cierto, a la personalidad narcisista." (Wunderli 1990, 56)

Otra característica de la persona depresiva narcisista es el afán de poder y grandeza. Ésta cree que únicamente puede soportar su vacío interior cuando se siente grande, importante y poderoso. Pero si se siente poderoso, también podrá protegerse de posibles humillaciones.

"Mónica... reconoció recién después de cuatro años de terapia, que en realidad, ella deseaba ser admirada constantemente. Si bien ahora puede formularlo, aún continúa en ella el deseo de que el terapeuta sintonice en su fantasía de grandeza y la alabe en ese momento por todas las superioridades que a ella tanto le agrada tener, lo cual le brinda una sensación de poder; y ella está muy frustrada porque no lo recibe en la forma deseada." *(Wunderli 1990, 79)*

Para Wunderli, Mónica es un ejemplo de que en el depresivo narcisista también existen fantasías de grandeza "negativas":

El sumergirse en la total desvalorización propia también tiene algo de fantasía de grandeza; los sentimientos de inferioridad son el revés del delirio de grandeza. Mónica conoce esta desvalorización propia totalmente irracional que ella quisiera ocultar mediante el deseo de que la encuentren estupenda: ¡Nadie es tan diminuto, débil, tan malo, tan tonto como ella! Pero no debemos pasar por alto que el depresivo adquiere poder sobre su compañero. A través de su autodesvalorización destructora lo arrastra hacia la oscuridad de la noche interior y, por así decir, se incorpora verdaderamente al otro a través de su depresión." *(Wunderli 1990, 80)*

Depresión psicorreactiva

Hablamos de depresión psicorreactiva o reactiva, cuando los generadores de la depresión son factores externos. De esta forma, las depresiones reactivas pueden aparecer después de cambios radicales de las condiciones de vida, como la pérdida del ambiente de vida habitual, cambios de trabajo, mudanzas, jubilaciones, incluso vacaciones. Es determinante no sólo el hecho externo sino la vivencia del cambio, de la pérdida de protección, la incertidumbre de una nueva situación de vida. En algunos casos, la depresión reactiva tiene por causa un conflicto extraordinario, que despertó una vez más por el hecho exterior. Ejemplos de ello son ofensas profundas, crisis de autoestima o desgracias no elaboradas.

Angélica, ama de casa, 30 años de edad, había acordado una reunión para conversar con el párroco. Durante los últimos meses, ella se había comprometido en la parroquia, especialmente con matrimonios jóvenes. Al comienzo de su conversación con el párroco, ella ya manifestó entre lágrimas, que no podía continuar trabajando con los matrimonios jóvenes.

En ese momento, ella siente que todo se derrumba en su vida; sí, ella no está segura, si acaso se está volviendo loca. Debe alejarse de todo lo que ha hecho en la iglesia y en la escuela de su hijo. Y por esta razón, siente una gran culpa.

El asistente espiritual le pregunta a Angélica, si algo le ha sucedido hace poco tiempo, algo que explique por qué está tan confundida en esos momentos. "Dos semanas atrás, cuando bautizaron al hijo de la familia Hansen, instintivamente tuve que llorar." Ella continuó relatando que desde algunas semanas se siente muy mal y padece de mucho insomnio. Le resulta difícil levantarse a la mañana. A veces todavía duerme cuando su esposo, Juan, se va de la casa para ir a trabajar. A ella le parece bastante grave no prepararle el desayuno. Ella misma padece de falta de apetito.

En ese momento, el asistente espiritual recuerda la muerte del tercer hijo de Angélica y Juan, poco después de nacer. Sucedió hace unos dos años. Pero él se reserva para sí este recuerdo y este pensamiento. ¿Podría ser –se pregunta interiormente– que Angélica todavía no hubiera elaborado el duelo? Él está asombrado. Su vitalidad y actividad dentro de la parroquia lo habían llevado a la convicción de que ella había superado bastante bien el trágico suceso. (*Comp. Fairchild 1980, 7s.*)

En el caso de Angélica, el momento desencadenante de la depresión es su participación en el bautismo de amigos. Al menos es el principal detonante. La participación en el bautismo volvió a despertar en ella el dolor por la pérdida de su hijo, que todavía no había procesado adecuadamente y que ahora coadyuva a provocar su depresión.

Causas de las depresiones

La experiencia de una pérdida

De acuerdo con Roy W. Fairchild (1991, 92ss), la pérdida es un tema continuo al investigar las depresiones. Los fracasos en el trabajo y en la escuela, el rechazo, la muerte de un ser querido, trastornos físicos, conflictos matrimoniales, problemas financieros y también la pérdida de un rol desempeñado de manera habitual hasta ese momento, pueden ser, según Roy Fairchild, los detonantes de una depresión.

Duelo insuficiente

La tristeza adecuada no permitida como reacción frente a una pérdida puede conducir a la depresión. Cuando vemos el ejército de personas tristes y percibimos el impedimento organizado de la tristeza, no deberíamos asombrarnos demasiado, según Jorgos Canacakis (1987, 37s.), de que la mayoría de nosotros corremos el riesgo de volvernos depresivos. Como ejemplo de una tristeza impedida que lleva a la depresión, menciona el siguiente caso ejemplificativo:

"Un abogado de cuarenta años de edad me llamó y me pidió autorización para participar en uno de mis seminarios sobre el duelo. Él agregó, que toma psicofármacos desde hace años, y que el diagnóstico de los médicos es 'depresión endógena'. Durante los primeros días del seminario, él demostró a través de su conducta, qué puede ser el duelo profundo, mudo y oprimente. La situación cambió repentinamente, cuando una participante mayor comenzó a llorar como un niño pequeño, por su padre caído en la guerra. El abogado comenzó a sollozar como un niño. Las mujeres presentes lo tomaron en sus brazos e intentaron fortalecerlo. Él lloró durante dos fines de semana. Su angustia frente al duelo disminuyó. Cuando tomamos conocimiento de su historia pudimos comprender la fuerza de sus lágrimas. Le tomamos mucho cariño."

Su madre había fallecido pocos meses después de su nacimiento. El niño permaneció falto de atención durante muchos días junto a su padre muy ocupado. Cuando el padre se mudó al exterior con su novia, el pequeño debió ir a un hogar de niños. Allí lloró durante las primeras horas, hasta que le enseñaron a no hacerlo más. Muy pronto debió aprender a tragarse las lágrimas. Sus padres adoptivos que lo acogieron un año después, no sólo recibieron un niño limpio sino también sin lágrimas. Ellos estuvieron encantados de que este niño casi nunca llorara, y lo consideraron un niño valiente. No notaron, sin embargo, que él retenía el llanto y que su rostro era como una máscara petrificada. Finalmente, ya no podía llorar."

Aferrarse a deseos irrealizables

Ciertas depresiones pueden ocurrir porque los deseos, anhelos y esperanzas existentes no pueden cumplirse a causa de los hechos, y así queda siempre una zanja molesta e insuperable entre lo que quiero, lo que deseo, y aquello que realmente obtengo. De tal forma, tratar de aferrarse a algo y no estar en condiciones de desprenderse de una cosa, de una persona o de una idea, puede ser una característica esencial de depresión (Comp. Hora, 1977, 206s.).

Caigo en una depresión cuando me falta aquello de lo que me sostuve, quizá también de lo que me sujeté y aferré. Soy depresivo porque creo que sólo puedo ser feliz con esta mujer, pero ella no me quiere; o porque creo poder estar conforme sólo si tengo este puesto, pero no lo consigo. El problema no es tanto no conseguir esta mujer, o no llegar a ser profesor o canónigo, por más doloroso que esto pueda resultarme. El verdadero problema es estar tan ligado a esta persona, a esta cosa, a esta idea (Comp. Hora, 1977, 207). Dependo tanto, estoy tan entusiasmado con una cosa, con una persona, con una idea, que mi bienestar depende absolutamente de que me sea adjudicado aquello de lo que depende mi corazón.

"Una mujer que muchos años atrás perdió a su hijo, no puede establecer contacto con el mundo que la rodea. Se siente sola y deprimida. En la terapia surge que ella no desea abandonar el féretro. Ella no puede ni quiere admitir que allí ya no hay nada, que allí hay un vacío. Mientras no esté en condiciones de aceptar este vacío, esta nada, y malgaste su vida y su energía en la fantasía de que allí todavía hay algo, no regresará a la vida, permanecerá en su tristeza y depresión." *(Comp. Perls, 1969, 57)*

Odio e ira dirigidos hacia adentro

De acuerdo con el profesor americano de Psicología pastoral Roy Fairchild, las personas depresivas frecuentemente no muestran "rechazo abierto frente a los demás. En cambio son mucho más habituales los reproches y odio dirigidos hacia sí mismo" (Fairchild, 1991, 27s.). Fairchild cita los siguientes ejemplos (1991, 28):

"Los sentimientos negativos ocultos son, a menudo, un componente de la depresión que encuentra el asistente espiritual en los conflictos matrimoniales. Así por ejemplo, alguien puede tomar a mal la atención que su cónyuge le dispensa a uno de sus padres, porque se siente descuidado. Pero no podemos criticar a nuestra pareja de que generosamente cuide de su madre o su padre. Entonces reprimimos el enojo y allí se origina la depresión. En un matrimonio, esto conduce con frecuencia a un rechazo emocional y sexual. Las agresiones dirigidas equivocadamente buscan muchas veces otra válvula de escape. Las personas depresivas están frecuentemente irritadas. En cierta oportunidad, un hombre me dijo: 'Soy como un dedo del pie lastimado, estoy para que me pisen'. La persona depresiva castiga a aquel contra quien está dirigido su odio de manera sutil y pasiva. 'Vete, yo no sirvo para nadie', le dice una mujer a su esposo, y a través de su propio aislamiento y su malhumor demuestra su agresión frente a su esposo y frente a sí misma. Estas tácticas de aislar liento conducen hacia un distanciamiento del ser amado y profundizan la depresión y la soledad." *(Fairchild 1991, 28)*

Conciencia y perfeccionismo extremadamente severos

Una conciencia severa en exceso que se manifiesta frente al individuo de manera permanentemente demandante y que "empuja a la realización de los objetivos ideales" (Stiemerling, 1995, 63) puede ser la causa de una depresión: "La falta de satisfacción de los objetivos trazados en el ideal del Yo (que generalmente son inalcanzables), despierta en su portador una furiosa irritabilidad y una tensión permanente de insatisfacción... La conciencia levanta amenazante el dedo índice y le reprocha a la persona en cuestión su fracaso, del mismo modo que sus padres le habían reprochado antes las respectivas deficiencias."

Principalmente la persona con tendencia perfeccionista, que quiere hacer todo ciento por ciento bien y que una y otra vez debe experimentar que no responde a este ideal, corre especial riesgo de llegar a ser depresiva. Lleva al mismo tiempo dentro de sí un amo que permanentemente lo atormenta y hace trabajar como esclavo, porque no responde a las concepciones de valor e ideales interiores. Según Fairchild, (1991, 34) el individuo somete el ansia exagerada de perfección a ideales imposibles e inhumanos. El hombre necesita el valor para aquello que Alfred Adler, discípulo temprano de Freud, denominó 'el valor para la imperfección'.

Sentimientos de culpa no elaborados

A veces, los sentimientos de culpa no elaborados pueden dar lugar a una depresión. Puede suceder cuando alguien, en lugar de enfrentar su propia culpa, reprime la culpa y los sentimientos que van de la mano de ella. Pero estos sentimientos no permiten ser reprimidos, y de alguna forma se manifiestan, por ejemplo, a través de un estado de ánimo depresivo, hasta que son tomados con seriedad, observados y elaborados. Fairchild (1991, 31) cita al respecto el siguiente ejemplo:

"Un representante de treinta y nueve años se quejó frente a su padre espiritual de muchos de los síntomas descriptos de depresión. Él ya no tenía interés por su trabajo; su pereza y su vacilación se evidenciaban en sus cifras de ventas; su mujer se había distanciado cada vez más de él, emocional y sexualmente. Dormía poco y mal. En sus sueños era perseguido por monstruos, de quienes intentaba escapar con zapatos de plomo. Después de algunas consultas, declaró mantener una relación con una compañera de trabajo desde hace un año. No obstante, estaba seguro de que este contacto sexual no tenía relación alguna con sus problemas actuales. 'Todos lo hacen', respondió él, y 'además vivimos una vida en común abierta'. Algunas sesiones más tarde, reconoció y experimentó sus sentimientos de culpa, y decidió poner fin a su relación extramatrimonial. Después de ello, también desapareció su depresión."

Caminos para salir de la depresión

Ayuda psiquiátrica y psicoterapéutica

En el caso de depresiones graves, como el trastorno psicótico-depresivo, o el trastorno maníaco-depresivo, se indica un tratamiento psiquiátrico o psicoterapéutico. La forma de tratamiento más adecuada y conveniente es a menudo una combinación de medicación y acompañamiento psicoterapéutico. En el caso de depresiones con episodios depresivos de mediana gravedad, la psicoterapia puede representar a menudo la forma adecuada de acompañamiento. Esto se aplica, por ejemplo, para el trastorno neurótico-depresivo, o también para el trastorno narcisista.

Dado que la persona que padece de una depresión, generalmente está lejos de 'escupir' su desdicha y, por el contrario, actúa como inmovilizada. Por eso, es importante que el/la terapeuta la estimule una y otra vez mediante preguntas, para, de este modo, soltarle la lengua. También será importante que en el encuentro con el terapeuta la persona necesitada experimente comprensión y permanente estímulo. También es importante que la persona depresiva, que por lo general posee una actitud negativa frente a sí misma, perciba una atmósfera que le proporcione seguridad. Por cierto, según Jürg Wunderli (1990, 114ss) la actitud comprensiva también tiene sus límites, dado que, de otro modo, el terapeuta corre el riesgo de que la persona que padece la depresión lo acapare por completo. El terapeuta debe protegerse, entonces, para no involucrarse tanto con el paciente, como para sentir de pronto en sí mismo su vacío y que la falta de valor que padece quien busca ayuda, recale en él.

El depresivo deberá hallar una y otra vez apoyo y sostén en el encuentro con el terapeuta. El llamamiento muy frecuente, inclusive entre los médicos: "Esfuérzate. Donde hay voluntad, hay un camino", es, según Jürg Wunderli, un craso error, ya que justamente los pacientes depresivos están obstaculizados en sus esfuerzos de voluntad y en su empuje. Mediante este llamamiento, a lo sumo se logra la desesperación de quien busca ayuda en virtud del propio fracaso, y entonces padecerá aún más de sentimientos de culpa. Mientras que en otros casos está indicado abstenerse de consejos en la terapia, en el de la persona depresiva los consejos pueden ser oportunos para sostenerlo.

Intervención en caso de crisis

Si una depresión se trata de la manifestación de una crisis situacional, una serie de dos a seis conversaciones puede ser de gran ayuda.

Hablamos de una crisis situacional cuando un determinado acontecimiento externo provoca de repente una necesidad emocional, que se manifiesta principalmente como angustia o depresión, y que perjudica de tal modo a la persona afectada que limita su capacidad normal de funcionamiento. El factor desencadenante puede tener motivos muy diversos: pérdida por la muerte de un ser querido; pérdida por separación; pérdida del trabajo; un embarazo inesperado; el descubrimiento de que el marido es homosexual; un aborto; el nacimiento de un hijo discapacitado, y muchos más.

Ni bien se evidencia o resulta bastante probable que la depresión, aunque experimentada intensamente, se debe a un acontecimiento externo y es de naturaleza transitoria, debería tratar de hallarse el problema de ese momento y el hecho previo. David Switzer (1986,

66) recomienda ocuparse de las siguientes preguntas: ¿Cuál es el problema inmediato? ¿Cuál es el origen de la necesidad momentánea? Las siguientes preguntas también pueden resultar útiles:

- ¿Qué sucedió en mi vida durante las últimas dos semanas?
- ¿Desde cuándo me siento así (desde cuándo me siento peor)?
- ¿Me he sentido alguna vez así antes?
- ¿Qué es nuevo en mi actual situación de vida?
- ¿Qué otras personas tienen relación con ella?

Mediante estas preguntas se busca aclarar si verdaderamente nos enfrentamos a una crisis situacional, es decir, una crisis cuyo origen es nuevo y que debe atribuirse a un acontecimiento determinado, ocurrido hace poco tiempo; o si en los sentimientos de depresión vividos se trata de sentimientos experimentados ya durante un tiempo prolongado.

Si los sentimientos mencionados ya se experimentan durante un largo tiempo o reaparecen una y otra vez, y no puede reconocerse ningún acontecimiento que preceda a los sentimientos, puede partirse entonces de que no existe una crisis situacional. En este caso deberá decidirse qué otra ayuda es posible –acaso una terapia– y en qué medida es necesario incluir a otros asistentes, por ejemplo, un médico. Lo mismo se aplica cuando los intensos sentimientos predominantes perduran, y probablemente puede llegarse a la conclusión de que, por cierto más allá del acontecimiento externo determinado que precedió a la crisis de ese momento, en el estado psíquico también intervienen causas más profundas.

En cambio, si se evidencia que la necesidad experimentada en ese momento tiene un origen nuevo, que surgió más bien de repente y puede descubrirse un acontecimiento precedente, para el abordaje y tratamiento de la depresión podrá procederse entonces en el sentido de la intervención en caso de crisis.

Al comienzo se trata de designar los sentimientos y el hecho que llevó a la depresión, así como admitir los sentimientos que aparecen. Simplemente hablar al respecto y expresar los sentimientos vividos puede contribuir a aliviar la necesidad experimentada en ese momento. No obstante, no debe postergarse la clarificación de los hechos concretos vinculados con la crisis.

El acompañante abre entonces un espacio que permite admitir aquello que realmente está. No deben ocultarse los sentimientos de envidia, de sentirse herido, de enojo, de decepción. Deben ser, en cambio, admitidos para llegar a las cadenas de la depresión, a aquellas fuerzas que ahogan el deseo de vivir. Con cuidado, y al mismo tiempo con determinación, debe indicarse el camino hacia afuera para el duelo no elaborado que anida en el alma, que encuentra allí su nicho y se establece. La irritación no admitida por una pérdida golpea nuevamente sobre nosotros y se manifiesta, por ejemplo, a través de una depresión. Por esta razón, el trabajo que apunta a tomar contacto con el enojo es a menudo el primer paso para ablandar y liberar poco a poco la tristeza que se ha encostrado en nosotros en forma de depresión.

Si se ha determinado el acontecimiento que provocó la depresión —ya sea éste un hecho claramente concreto o uno más lejano en el pasado, reactivado nuevamente por un suceso actual— y pueden manifestarse los sentimientos por él provocados, se trata ahora de descubrir a través del diálogo, qué significa este acontecimiento que, por regla general, está vinculado a una pérdida, y qué consecuencias tiene para la persona depresiva.

De tal modo, la pérdida de la pareja puede significar para uno la pérdida de su compañero sexual, para el otro la pérdida de la persona con quien mejor se entendía, con quien mejor podía reemplazarse. Para otro, a su vez, puede ser la pérdida de una persona que garantizaba la seguridad financiera de su vida. El hombre, al que su ascenso en la carrera le queda demasiado grande, puede sufrir porque le falta el contacto con sus antiguos colegas de igual rango, o sea, aquellos de quienes en todo momento se siente más cerca. O quizá, por sentirse inseguro, puede sobreexigirse constantemente y ya no estar en condiciones de disfrutar su tiempo libre, en caso de que realmente aún lo tuviera.

Determinar el hecho que originó la depresión y elaborar el significado de la pérdida vinculada a este hecho ayudan a comprender mejor la momentánea situación difícil y el estado de ánimo triste. Le dan un sentido a la tristeza. Es como si de pronto, alguien nos diera una "llave", que es la correcta para el acontecimiento y para lo que éste provoca, y de esta manera torna a ambos más comprensibles.

Por otra parte, se dirige el punto de vista con mayor claridad hacia el ámbito afectado. Esto ayuda, por un lado, a diferenciar más claramente qué ámbito está afectado y posiblemente dañado. Por el otro, se provoca que la persona depresiva tome conciencia de que no todo está amputado de la vida, sino que gran parte de sí misma —aunque probablemente en ese momento limitada— vive y funciona.

Con mayor intensidad que en el marco de una terapia, en la consulta que se extiende a lo largo de dos a seis sesiones y en la cual puede determinarse una crisis situacional como factor desencadenante de la depresión, es adecuada la transmisión de confianza. No se trata de un consuelo barato, sino que deberían subrayarse el interés activo que la persona oprimida tiene por la ayuda y la fuerza que se manifiesta en ello. En relación con esto, es posible transmitir a quien busca consejo, que en el lapso de un tiempo relativamente corto puede contar con un cambio de la situación experimentada en ese momento como dolorosa. La expectativa de un cambio cercano es un elemento determinante para superar la actual situación de necesidad. Las experiencias hasta el presente con intervenciones en casos de crisis permiten fundamentar la seguridad de un cambio próximo. Luego, la intervención en caso de crisis conduce a una mejora auténtica y duradera. De esta manera, no demuestra ser de segunda clase frente a una relación o terapia prolongada, sino la mejor forma posible de intervención ante crisis situacionales.

Modificar los diálogos interiores

Las palabras con las que una persona reacciona en sus diálogos interiores frente a su situación después de ciertas pérdidas y decepciones, lo que ella misma se hace creer –según Roy Fairchild (1991, 99s)– influyen sobre ella "para hundirla en una actitud depresiva, o para ser capaz de dirigir su energía hacia nuevas direcciones y nuevos objetivos y relaciones, a pesar de los reveses sufridos. La interpretación de los sucesos –eso que él mismo se dice respecto a los acontecimientos vividos– determina la respuesta del hombre frente a ello".

Fairchild cita el siguiente ejemplo:

"George Hoffmann estaba decepcionado de que su hijo hubiera abandonado los estudios de Medicina. Se acusó a sí mismo de no haber sido un buen padre y de no haber marcado suficientemente las convicciones de su hijo. Mediante la "técnica de la doble columna", el Sr. Hoffmann pudo anotar todos los pensamientos negativos en una columna y una posible explicación distinta, que no lo arrastrase tanto a uno, en la columna opuesta."

Ejemplo:

Mi hijo ha abandonado sus estudios de Medicina, y esto demuestra que soy un mal padre.

He tratado de inculcarle independencia a mi hijo. Quizá haya tenido éxito, pero todavía no lo entiendo por completo.

En el curso de este examen de sí mismo, pudo elevarse la seguridad del Sr. Hoffmann."

El Dr. Aaron Beck, a quien se remonta este método, distingue tres modelos de pensamiento importantes en las personas depresivas. El primer modelo consiste en la tendencia a interpretar negativamente los hechos. El segundo modelo es juzgarse a sí mismo de manera negativa, así por ejemplo "siempre lo hago mal". En comparación con los demás, uno se considera menos atractivo, menos intelectual, menos exitoso, etc. El tercer modelo consiste en la tendencia de ver el futuro color negro. Se parte entonces de que uno nunca superará la situación desagradable vivida en ese momento, de que todo lo que uno emprenda tendrá un resultado negativo. La actitud negativa provoca en estos casos un estado de ánimo depresivo, y no es el estado de ánimo depresivo la verdadera causal de la pasividad. Ni bien modifico mi conversación interior, mi diálogo interior, según Roy Fairchild (1980), también puede modificarse mi estado de ánimo.

Grupos de autoayuda

El encuentro continuo de un grupo que se extiende quizá a lo largo de seis meses a un año, también puede demostrar ser muy útil para el acompañamiento de personas depresivas. Puede tratarse de un grupo formado por ocho a doce hombres y mujeres que se reúnen cada dos o tres semanas durante dos horas, y que no debaten sobre la depresión en sí sino sobre la atmósfera que está marcada por la franqueza, la aceptación y la autenticidad, que se comunican mutuamente qué los moviliza de forma muy personal en su depresión, y que, de este modo, se apuntalan recíprocamente (Comp. Müller, 1990).

Ayuda para parejas depresivas

De acuerdo con Rosen y Amador (1998, 16ss), muchas personas no reconocen en qué medida las depresiones perjudican las relaciones. Ellas consideran, asimismo que:

"Si su pareja es depresiva, la probabilidad de que su matrimonio termine en un divorcio es nueve veces mayor que si estuvieran casados con una persona no depresiva... La estrecha relación con los individuos depresivos está cargada de un estrés más alto y más conflictivos que las relaciones con seres no depresivos; y las discusiones y los malentendidos son más habituales... Cada paso de uno influencia inevitablemente el movimiento del otro. Si usted y la persona depresiva que está cerca suyo tienen dificultades en su relación, presumiblemente ya se encuentren en este paso de baile depresivo."

Daniel Hell (1994, 267ss) propone las siguientes conductas para compañeros de personas depresivas:
*   No minimizar, desechar o disuadir las sensaciones negativas del depresivo (por ejemplo quejas por el desgano, molestias físicas, insomnio). Nada de consuelos banales o alientos triviales. Nada de maniobras de animación cuando los primeros intentos no dan resultado.
*   Tomar la momentánea desesperanza del depresivo como un signo del estado depresivo; dar esperanza realista del fin de la depresión.
*   No apelar a la voluntad. No decir que el depresivo se controle, que si quiere, lo puede. Hacerle sentir, en cambio, que no es un fracasado, que no es simplemente culpable de su estado actual.
*   No apelar a virtudes como la fe o la responsabilidad.

- Liberar al depresivo grave de decisiones que le resulten angustiantes. Conducción serena, decidida y segura. Organizar ocasionalmente una visita al médico y acompañarlo durante ésta.
- No permitir de ninguna manera la toma de decisiones vitales durante los episodios depresivos, tales como cambio de profesión, divorcio, tener hijos, etc.
- Liberación sólo relativa en el ámbito de relación y profesional (excepto en caso de depresiones graves). Ningún cambio radical de las costumbres de vida actuales.
- No salir de vacaciones frente a una depresión claramente marcada.
- Demostrar una comprensión sensible cuando el depresivo tiene problemas para hacer algo; no obstante, apoyarlo en ello para que él lleve a cabo las tareas propias y programadas en forma realista.
- Hacer notar al depresivo todas las cosas en las que tuvo éxito, pero sin un tono triunfalista.
- Atender a una división rítmica y regular del desarrollo del día (levantarse, trabajar, comer, ir a dormir), que también debería respetarse en los días festivos y feriados.
- Apoyar al depresivo para que por las mañanas no permanezca regularmente en la cama, no se acueste por la noche demasiado temprano y no se aísle del todo durante el día.
- Demostrar comprensión frente al hecho de que durante la depresión, los deseos sexuales desaparecen o se pierden.
- Favorecer la higiene del cuerpo.
- No permitir que el trato con gente depresiva nos desanime, por ejemplo al sentir que el depresivo reacciona frente a todo negativamente y desprecia todo. No atenuar o incluso cortar la relación cuando el entendimiento verbal es dificultoso.
- Evitar la alegría ficticia, el ajetreo y la actividad 'enérgica' en relación con los depresivos.

- Evitar las manifestaciones que podrían ridiculizar al depresivo, provocarle sentimientos de culpa o comprometerlo. Nada de recriminaciones o reproches. Pensar que está muy sensible y vulnerable, y que con facilidad percibe entre las palabras que no merece respeto y no vale nada.

- Cuidado con la ironía, el sarcasmo y las denominadas bromas inofensivas. El sentido del humor muchas veces se pierde en la depresión.

- No aceptar cavilaciones sobre acontecimientos pasados. No investigar los orígenes y causas del malhumor durante una etapa depresiva severa. Permanecer, en lo posible, en el presente, en las sensaciones actuales.

- Si el depresivo puede llorar (lo que muchos depresivos no pueden), tratar de que se desahogue. No fomentar su tendencia a exigirse siempre un dominio de sí mismo.

- En caso de depresiones no tan severas, estimular eventualmente la respiración (terapia de la respiración, natación, terapia corporal). Eventualmente, masajes específicos, por ejemplo en el cuello, el abdomen.

- Estimular la propia expresión creativa (pintura, música, baile) recién cuando el depresivo tenga deseo de ello.

Ayudas espirituales de la depresión y acompañamiento religioso

Acompañamiento espiritual y religioso

Las personas acudirán una y otra vez al asistente o a la asistente espiritual para encontrar allí sostén, para experimentar consuelo y desahogo. Es evidente que alguien que padece una depresión grave no encuentra en el o la asistente espiritual a la persona competente en primer grado para la cura de su psiquis. Tampoco puede esperarse de ella que esté en condiciones de calcular la dimensión precisa de una enfermedad psíquica. Tampoco es necesario.

Lo que sí puede esperarse de un asistente espiritual es la reacción atenta frente a las personas que acuden a él. Si éste fuera el caso, el asistente espiritual notará pronto si la persona que acude a él tiene un perjuicio psíquico más severo o no.

En el encuentro con personas que padecen una depresión grave sentirá una distancia mayor entre él y estas personas. En este caso podría resultarle especialmente difícil llegar a la otra persona. Por el contrario, al asistente espiritual le resultará más fácil iniciar una relación cercana de asistencia emocional con una persona que padece una forma más leve de depresión. En este caso le será más fácil tomar contacto con esta persona, y su intento de ponerse en la piel de esta persona será también más exitoso. La distinción puede servir al asistente espiritual para descubrir más claramente dónde se considera competente y cuándo resulta indicado, derivar a la persona que acudió a él, a un psicoterapeuta o a un psiquiatra. Esto no significa necesariamente que interrumpa el contacto o el diálogo con la persona que padece depresión, y que deje toda la cuestión en manos del psicoterapeuta. El asistente espiritual deberá verificar aquí si la persona que busca ayuda quiere ambas cosas –atención espiritual y psicoterapéutica– y en qué medida esto es posible para ella.

La persona que ante su depresión acude a un asistente espiritual, no en vano acude a él. Generalmente desea observar su sufrimiento en el contexto de su fe. Muchas veces para esta persona es suficiente que el o la asistente espiritual se tomen tiempo para ella, para escucharla, por ejemplo, durante media hora. Para el o la asistente espiritual será importante estar en condiciones de poder escuchar bien, de estar presente en forma comprensiva. Al mismo tiempo será importante poder distanciarse de manera que la situación interna de quien busca ayuda no los conmueva *tanto*, como para tener la sensación de estar sobreexigidos. Precisamente una división del trabajo entre psicoterapia y acompañamiento espiritual puede aligerarlos, puede ayudarlos a concentrarse en aquello para lo cual son competentes y que pueden ofrecerle en esta situación a la persona depresiva.

El asistente y la asistente espiritual pueden proporcionarle confianza a la persona depresiva. Pueden contarle que existe una esperanza justificada para salir de su situación, de su estado emocional momentáneo. Pueden decirle que un día volverá a sentir la unión con su propio mundo, con sus semejantes y con el medio ambiente, y con Dios, a quien en ese momento no percibe, es decir, a quien no experimenta como realidad, que un día podrá volver a sentirla. Pueden decirle que Dios también está ahora, a pesar de que no lo sienta. Pueden destacarlo al dirigir su atención hacia ellos, al ser expresión de esta unión, al concretar esa unión a través de su dedicación a la persona. Quizá no pueda comprenderlo, no pueda aceptarlo. Es normal. No obstante, esto no impide a la/el asistente espiritual dirigir una y otra vez la atención hacia su persona, a pedirle que lo mire, que mire a las personas concretas. Ellos mismos la miran en ese momento, quizá también tomen sus manos entre las suyas para hacerle sentir que están para ella con cuerpo y alma. No la presionan, simplemente están allí.

El consuelo de la esperanza no caerá entonces al vacío. El asistente espiritual es la concreción, la materialización de este consuelo. Se ofrece como camino a través del cual hallar nuevamente el acceso a la experiencia de unión, a la experiencia de estar abrazado. De todos modos, la invita a ello. No ceja en promocionar este camino, se ofrece como acompañante. Va con el otro a la oscuridad, desciende al abismo hasta que consigue tomar la mano de quien se encuentra en necesidad. Al animarse a descender, su confianza se hace carne. Deja en claro que existe un camino desde la oscuridad, que se considera a sí mismo capaz –y también a la otra persona– de hallar el camino que sale de la oscuridad.

El asistente espiritual lo hace porque él mismo cree en ello, porque él mismo se cree capaz de hallar el camino que conduce desde la oscuridad hacia la luz. Quizá también por haber transitado él mismo este camino y haber experimentado que vuelve a aclarar, que el acceso a la experiencia de unión puede volver a encontrarse. Lo hace porque cree que Dios, que lo condujo hacia la luz, también ahora lo conducirá a él y a la otra persona hacia afuera. No se trata de obstinarse en la ayuda de Dios, en solicitar su intervención. Es una confianza silenciosa y al mismo tiempo inmensamente fuerte, nacida en el fondo de su alma, en la presencia de Dios y en su participación. Una confianza que surge de su unión experimentada con Dios.

¿Trastorno psíquico o crisis espiritual?

Barbara Schraut (1998, 36ss) analizó en su trabajo hasta ahora inédito sobre *Depresión o 'Noche oscura'* la cuestión acerca de cómo diferenciar un trastorno psíquico de una crisis espiritual. Sus palabras al respecto son tan útiles que –con su conformidad– desearía transcribirlas en su totalidad:

> "La 'noche oscura' tiene dos umbrales importantes. Por un lado, el ser humano debe atravesar la noche de los sentidos como paso hacia la oración contemplativa, que prepara la experiencia de la unidad con Dios. Este proceso de transición puede ser muy doloroso y adopta el carácter de trabajo de duelo. Se trata de superar al propio yo en la purificación de las estructuras del yo. Si bien este proceso puede ser muy doloroso, si continúa, puede ser finalmente un camino liberador. No obstante, en él pueden aparecer síntomas que responden a ciertos cuadros clínicos, tales como malhumor depresivo hasta tendencia al suicidio, ausencia mental, incapacidad para arreglárselas con la vida diaria así como efectos físicos tales como visiones, temblores, etc."

En la segunda noche, la noche del espíritu, el mismo Dios avanza en la reestructuración del hombre hasta la raíz de la estructura esencial del ejercitante, lo que éste puede percibir como destrucción de sí mismo o inclusive como disolución de su alma. Este estado puede prolongarse con variaciones a lo largo de años.

La depresión como enfermedad psíquica también es percibida como un estado doloroso, como una pena, una pérdida o una destrucción profunda del yo. La depresión puede aparecer en la vida de una persona en varias etapas muy intensas delimitadas entre sí.

Sin embargo, también puede existir en forma leve extendiéndose por años, de manera que surge la pregunta con relación a qué indicaciones existen para diferenciar ambas crisis.

Las siguientes causas pueden indicar el sufrimiento de una 'noche oscura':

- Los ejercitantes continúan percibiendo en sí un movimiento, una dinámica hacia Dios.
- En los ejercitantes se desarrolla la oración contemplativa en forma lineal o ya se ha profundizado. Han desarrollado una actitud de vida cotidiana más bien contemplativa.
- El modo de vida de los ejercitantes no se caracteriza por una polarización despreciativa sino por la capacidad de tolerar en sí también las cosas y hechos contradictorios.
- Los ejercitantes también están convencidos de la importancia de rezar ante dificultades de la oración.
- Los ejercitantes muestran una conducta religiosa autónoma y madura, así como actitudes espirituales que otorgan libertad y están marcadas por la franqueza.
- Las decisiones se toman a partir de una visión conjunta de intuición, decisión personal de la conciencia y consideración de las normas exteriores, en la medida en que son oportunas. Pueden tolerarse contradicciones entre las distintas instancias.
- Esta crisis no es la primera sacudida de su vida. Ellos ya tienen experiencia en el manejo de tiempos de cambios radicales, y hasta el momento han podido enfrentarlo de manera creativa y aceptarlos como pasos de maduración.
- Los ejercitantes muestran disposición también en esta etapa para aceptar un proceso doloroso de transformación.
- Ellos ya han desarrollado suficiente experiencia de vida, madurez de la fe y tolerancia frente a las frustraciones. Están arraigados a la vida y mantienen relaciones vivas en forma de diálogo.

- La actitud frente a sí mismos es realista y plena de esperanza.
- En relación con su edad, están más bien en la mitad de la vida, es decir, aproximadamente desde los treinta y cinco, con lo que existen personas que viven estas experiencias antes, y otros recién mucho después. No obstante, desde los treinta años seguramente no deberá calcularse con una experiencia de noche, a pesar de que el tema quizá les resulte fascinante a esta edad.
- Por regla general, los ejercitantes ya han tomado hasta ese momento decisiones vitales: ya han tenido lugar la elección de la profesión, el matrimonio, la vida en común, la familia, la actividad en una orden o el sacerdocio.

Considero que las siguientes hipótesis hablan de una depresión:

- Hasta el momento de la irrupción de la enfermedad, la vida religiosa y de la fe tuvo un carácter más bien necesario y externo.
- El comportamiento moral, ético y religioso se orienta más hacia las leyes y normas exteriores que hacia una instancia interior (conciencia). Resulta muy difícil o incluso imposible soportar las tensiones que surgen de la diferencia entre una decisión personal de la conciencia y normas externas eventualmente opuestas.
- No existe el contacto con la dinámica interior del hombre que impulsa el desarrollo.
- La oración contemplativa no es conocida y es más bien dudosa. Está reservada a los santos y místicos, pero no a las personas 'normales'.
- En lugar de experimentarlo como sanador, el silencio provoca angustia.
- No es habitual la observación concreta. En caso de practicar formas de oración, éstas generalmente se limitan a oraciones preformuladas u oraciones de intercesión, que siempre están vinculadas con una situación aparentemente intolerable.
- Prevalece la desvalorización en la actitud frente a sí mismo. En algunos casos también puede tratarse de una sobreestima que luego, al confrontarse con la realidad, conduce a una decepción ardorosa en todo momento y a una posterior desvalorización.
- Aún no se experimentó la vida en toda su plenitud. Es como 'si estas personas todavía no hubieran puesto un pie sobre la tierra'. Les falta el cable a tierra, lo absolutamente humano. Entre la

vida y ellas generalmente está montado un amortiguador a fin de proteger contra enfrentamientos fuertes.

- Hasta ahora sólo se desarrolló una competencia insuficiente como para poder manejar las crisis en forma independiente, y considerarlas valiosas.
- En casi todos los ámbitos existe gran sensibilidad.
- Han desarrollado poca experiencia y madurez de vida, mantienen una relación rígida con la vida cotidiana y los hombres, poseen reducida tolerancia a la frustración y viven más bien en modelos de relación neuróticos".

Estos criterios de diferenciación elaborados por Barbara Schraut pueden ser útiles para los diversos asistentes —médico, terapeuta, acompañante espiritual— para determinar dónde se requiere su intervención. Éstos deberán darles valor, por ejemplo como asistente espiritual, para no remitir de inmediato al psiquiatra o al psicoterapeuta a un hombre que actúa de manera depresiva. Por otra parte, deberá asesorarse bien el terapeuta para escuchar y distinguir si en la depresión aceptada de su paciente existe una crisis espiritual o una temática espiritual que haga necesaria la intervención de un acompañante espiritual. Aquí se evidencia cuán importante es que los asistentes espirituales, los acompañantes religiosos, los psicoterapeutas y los médicos intercambien sus experiencias y estén dispuestos a cooperar entre sí para beneficio y felicidad de la persona para la que actúan.

El efecto sanador de los salmos

Un apoyo moral directo, una palabra de consuelo, un consejo han demostrado ser de mucha ayuda justamente con las personas depresivas. También la oración conjunta, así por ejemplo en forma de salmo, puede contribuir al alivio y despertar renovado valor.

Si la persona depresiva vuelve a encontrarse en los salmos, éstos pueden llevar al alivio de su estado de ánimo depresivo y, finalmente también, a experimentar la presencia de Dios en su situación. Es posible rezar los salmos con entusiasmo interior, en su corazón, o también manifestarlos a viva voz. Siempre se puede volver a repetir un verso o encenderse con un salmo que nos sensibilice especialmente, y pronunciarlo, rezarlo y cantarlo una y otra vez (Comp. Müller 1997). Un salmo adecuado a tal fin sería, por ejemplo, el salmo 69:

Sácame del lodo,
y no sea yo sumergido.
Escúchame, Jehová, porque benigna es tu misericordia
Mírame
conforme a la multitud de tus piedades.
No escondas de tu siervo
tu rostro,
porque estoy angustiado;
apresúrate, óyeme.
Acércate a mi alma, redímela;
Líbrame a causa de mis enemigos.
Tú sabes mi afrenta,
mi confusión y mi oprobio;
Delante de ti están todos mis adversarios.

El escarnio ha quebrantado mi corazón,
y estoy acongojado.
Esperé quien se compadeciese de mí,
y no lo hubo;
y consoladores, y ninguno hallé.
Me pusieron además hiel por comida,
y en mi sed me dieron a beber vinagre.
Derrama sobre ellos tu ira,
y el furor de tu enojo los alcance.
Mas a mí, afligido y miserable,
¡Tu salvación, oh Dios, me ponga en alto!
Alabaré yo el nombre de Dios con cántico,
y lo exaltaré con alabanza.

Si deseo que el efecto sanador y, en última instancia también espiritual, de los salmos sea provechoso para mí es decisivo que me entregue a los salmos en determinada forma. Cada vez más me alejo de mi yo consciente y me entrego más y más a la conducción por parte de los salmos. Esta creciente distancia del yo me torna al mismo tiempo más abierto y dispuesto para el mensaje profundo de los salmos, ya que cuanto más retrocede mi conciencia del yo, tanto más puede expandirse y volverse activa mi conciencia profunda. Esto puede llevar a que se expanda en mí una sensación de vínculo con la Creación, con el *anima mundi*, el espíritu del mundo. Ya no me siento solo. Me siento unido a la corriente de la vida; mi alma no está sólo en mí sino que yo mismo me siento parte del alma, del alma del mundo. Y allí me torno cada vez más abierto al apoyo, a la experiencia de unión que desde allí me es transmitida. En este traspaso de la frontera del yo puedo tomar distancia de mí, y por ende también tomar distancia de lo que me oprime, sin reprimir por ello mi dolor ni mi tristeza. Entonces me será posible clasificar mejor mi dolor y mi tristeza, tomar conciencia de que ellos son únicamente una parte de mí.

y terrores de muerte sobre mí han caído.
Tarde y mañana y a mediodía
oraré y clamaré,
y él oirá mi voz.

(Salmo 55)

Sálvame, oh Dios,
porque las aguas han entrado hasta el alma.
Estoy hundido en cieno profundo,
donde no puedo hacer pie.
He venido a abismos de aguas
y la corriente me ha anegado.
Cansado estoy de llamar;
mi garganta se ha enronquecido;
Han desfallecido mis ojos
esperando a mi Dios.

(Salmo 69)

Los salmos ayudan a que mis palabras y mi oración sean la voz de mi corazón. No llevo ante Dios meras palabras, reflexiones, ideas. Soy yo mismo. Es mi yo auténtico.

Agustín denomina a los salmos "cantos de amor a vuestra patria", y así como los caminantes entonan sus canciones en el camino de regreso a su hogar, también nosotros debemos cantar los salmos como si fueran cánticos que hablan de nuestro verdadero hogar y permiten que crezca en nosotros el amor hacia este hogar. Así como los caminantes cantan de noche para ahuyentar el temor frente a la oscuridad, debemos cantar los salmos para consolarnos en la noche de nuestra vida y para percibir ya aquí, es decir, para experimentar con nuestros sentidos, algo de nuestro hogar (Comp. Grün 1989, 17).

Si la persona triste, necesitada y depresiva se introduce en los salmos, se deja llevar por ellos, podrá nuevamente tomar contacto con el anhelo de hogar, de pertenencia, de sentirse abrazado. Este anhelo de vida y protección aparentemente agotado y extinto vuelve a despertar y revivir. La persona podrá apoyarse en él y dejarse llevar. Al sentir este anhelo se expande en ella algo de la sensación que anhela: la experiencia de hogar y protección. Cuanto mayor el contacto con este anhelo que se expande dentro de ella y que ella permita, tanto más fuerte también la sensación de protección, de pertenencia. Hasta que, finalmente, su anhelo llega a Dios. Entonces se habrá restablecido el vínculo entre ella, su corazón y Dios, y volverá a experimentar el abrazo con él.

Capítulo 2
Sobre el sentido de la depresión

La depresión reprimida

Vivimos en un tiempo de luz. La claridad, la luminosidad, el colorido cuentan y tienen efecto. Por regla general, nos gustan las cosas claras, coloridas, multicolores. No obstante, si considero cómo mi misión hacer valer todo en mí, atender a todo en mí y hacerlo provechoso para mi vida, entonces tampoco debo pasar por alto lo oscuro, frío, pesado, tampoco debo pasar por alto la voz de la depresión. Ella tiene algo para decirme, de igual modo que las voces de la alegría y la experiencia de la felicidad quieren decirme algo. Quizá sea doloroso y difícil de soportar lo que las depresiones tengan para decirme. Pero no es menos importante que las muchas otras voces dentro de mí. Si hiciera caso omiso de ellas, no prestaría atención a informaciones importantes que me indican algo esencial sobre mí. Esto significa, sin embargo, que nuestra defensa frente a la experiencia de la depresión no debe conducir a pasar por alto los mensajes que nos deben ser transmitidos a través de esta experiencia.

Así por ejemplo, la depresión quiere recordarnos que en nuestra vida también existe el lado oscuro, negro y gris, y que este lado no es menos parte de nuestra vida que el claro, feliz y luminoso. La tragedia, la necesidad, la tristeza, la muerte pertenecen naturalmente a nuestra vida, por más que nos esforcemos en reprimirlas. Por lo tanto, lo oscuro, triste y melancólico no debe ser troquelado artificialmente de nuestra vida. Es una parte natural de ella. Quien intente acallarlo o desterrarlo mediante distracciones o luz difusa, pasará por alto una parte –esencial– de su vida. Es el "sol nigra", el sol negro que no tiene menos valor que el sol dorado (Comp. Moore, 1994). Su existencia no significa en sí mismo algo malo o bueno. Es la simple realidad. Puedo intentar acometer contra esta oscuridad para alejarla. Pero también a través de la experiencia de la depresión puedo llegar a reconocer que ciertas cualidades de experiencias oscuras de esta depresión son aspectos de mi persona. Entonces, a través de la depresión, conozco más de mí y de mi realidad, a la cual puedo adaptarme mejor después de esta experiencia propia.

¿No es posible que actualmente tanta gente padezca de depresión porque en estos tiempos deseamos reprimir en nuestra conciencia lo oscuro, lo triste, la muerte? Recién cuando esté dispuesto a aceptar la oscuridad como parte integrante de mi vida, desaparecerá cierta experiencia de depresión. Pero en lugar de aceptar y permitir que actúe el destino, que también conoce oscuridad, nos asimos a una concepción del mundo, del ser, que no responde a la realidad. Nos aferramos a un mundo claro y colorido que es una ilusión, sólo que no queremos reconocerlo. En lugar de abandonar la ilusión y tomar conocimiento de la realidad que, entre otras cosas, se manifiesta en que no nos fue prometido el cielo en la tierra, sufrimos permanentes decepciones, nos decepcionamos nosotros mismos, caemos en una depresión, por cierto –por regla general– sin obtener una enseñanza de ella.

Si experimentamos una depresión y perdemos las ganas y la energía de vivir porque no es como esperábamos, una intervención en nuestra depresión puede ayudarnos a estar atentos y ver dónde estamos apoyados en nuestra vida sobre una ilusión, y dónde la depresión nos puede ayudar a traer más realidad a nuestra vida. Ella busca animarnos para descender de las torres, a veces elevadas, de nuestros castillos en el aire hacia la también "realidad áspera" de nuestra vida cotidiana.

La depresión que aparece porque nuestro mundo concebido de la vida ya no sirve y ha dejado de ser realidad provocará quizás una apertura de nuestro mundo mental bloqueado y probablemente estrecho. De acuerdo con el teólogo y especialista en psicología profunda Thomas Moore, ella puede perforar este mundo estrecho y señalarnos que debemos modificar nuestra óptica de la vida y quizá también de la muerte, del tener y del ser, si queremos volver a sentir satisfacción y felicidad. La experiencia dolorosa de la depresión puede contribuir entonces, en última instancia, a nuestra sanación.

La depresión como una invitación a buscar algo que nos dé apoyo y sostén

El mundo íntegro de la superficie poco a poco se agrieta

De acuerdo con un estudio americano, según lo mencionado previamente, la depresión está diez veces más extendida que antes de la Segunda Guerra Mundial (Comp. May, 1991). Esta – podríamos decir– "epidemia de depresión" ampliamente difundida en los últimos 50 años, evidentemente va de la mano de la pérdida de orientación psicológica y espiritual. De tal modo, la depresión puede extenderse en nosotros cuando aquello que nos sostuvo y apoyó hasta ahora, aquello que nos significaba un sentido, ya no nos alimenta. Jürg Wunderli (1990, 98s.) opina al respecto:

"Allí donde comienza a desaparecer el enraizamiento del individuo en la comunidad –pienso en la gran familia, en la Iglesia, etc.–, donde se desarrolla cada vez más el individualismo, donde en lugar de 'la gente' aparece el 'yo', el hombre siente especialmente su vulnerabilidad e inseguridad. Afuera ya no tiene nada a lo cual recurrir, nada en qué orientarse, ya que el suelo de la tradición en el que estaba arraigado ya no lo sostiene verdaderamente. Si a esto le sumamos la falta de referencia a una dimensión espiritual y religiosa, en este proceso que puede extenderse a lo largo de generaciones, en principio caemos al vacío. Liberarse de las convenciones y la tradición conduce a nuevas dificultades. Si bien nos tornamos más individualistas, este paso evolutivo de la humanidad tiene su precio. El precio consiste en el nacimiento de neurosis, por ejemplo en el incremento de la aparición de trastornos narcisistas de la personalidad y sus formas depresivas."

En nuestra época de aluvión de estímulos, de miles de posibilidades de distracción y entretenimientos para el tiempo libre, en una época que aparentemente puede satisfacer todas nuestras necesidades, ganas y deseos, parece menguar cada vez más lo que realmente nos sostiene y apoya. Según Rollo May (1991, 114), "tienen un buen ingreso – a veces millonario– pero les proporciona poca satisfacción. En pocas palabras, tienen todo lo que los avisos televisivos le prometen –viajes, autos espectaculares y mujeres bonitas– pero se les escapa el sentimiento de felicidad. A menudo se trata de personalidades conocidas, pero inclusive esto lo sienten como algo que sólo agudiza su vacío". Estas personas, según Rollo May, padecen inmensa soledad. Se tiene la impresión de que los únicos sentimientos que realmente tienen son una depresión leve pero penetrante, un sentimiento de haberse alejado de las alegrías de la vida, aunque, paradójicamente, lo tuvieron todo. Alexander de Toqueville dice: "Ellas nunca dejan de pensar en las cosas buenas que no tienen". (Comp. May, 1991, 114)

No debemos pasar por alto, y principalmente aquel que no quiere engañarse, que es evidente que detrás de todo el ruido, el brillo, las habladurías y las bromas que nos rodean, hallamos la frecuente depresión psíquica. Directamente debajo de la superficie que hacia fuera parece emocionante y brillante, se expande como un tumor canceroso la realidad de la depresión. El saludable mundo de la superficie adquiere cada vez más grietas a través de las cuales se filtra hacia el exterior la oscuridad y la sombra atemorizante de la depresión (Comp. May, 113). Aquellos que ya no pueden participar del juego del disimulo, aquellos que han comprendido el juego, aquellos que son emocionalmente muy sensibles y cuidan poco de sí, en sus rostros puede leerse la depresión, en sus corazones sienten su peso y desesperanza. No obstante, han experimentado que no es posible controlar la depresión con dinero, drogas o sexo. Como Fausto, pueden decir:

Maldigo ahora todo lo que el alma
enreda con sus juegos de seducción y engaño,
y cómo, cegándonos y adulándonos,
nos ata a esta cueva de penas.
¡Desde ahora declaro maldita la alta opinión
de sí mismo con la que el espíritu se aprisiona!
¡Maldito el engaño de los sentidos
que oprime nuestra alma!
¡Maldito todo aquello que nos embelece en sueños:
el engaño de la fama y el renombre!,
¡maldito lo que nos halaga como posesión,
como mujer y como hijo, como criado y arado!
¡Maldito Mammón cuando, prometiéndonos tesoros,
nos anima a hazañas temerarias
y cuando nos ofrece almohadones
para nuestro ocioso placer!
¡Maldito el balsámico jugo de uvas!,
¡maldita la más refinada caricia del amor!

De esta manera, no deberán desvalorizarse el bienestar, la experiencia de diversión, distensión y placer. Ellos pueden representar por sí mismos experiencias y valores positivos. Se torna problemático cuando su uso o abuso tiene por finalidad disimular o reprimir experiencias desagradables o difícilmente soportables, que también son parte de nuestra vida. Entonces pueden evitar el necesario entendimiento con lo difícil y oscuro en nuestra vida y contribuir, de esta manera, a que no tengan lugar importantes procesos de crecimiento.

Pérdida de relaciones, sentido y apoyo

Algo que realmente nos sostiene y apoya son las relaciones comprometidas, comenzando con la familia, pasando por colegas, amistades y conocidos, hasta relaciones firmes en grupos políticos y eclesiásticos, y en las comunidades donde vivimos. Tales relaciones comprometidas son cada vez más inusuales y comienzan a deshacerse. En la opinión y la esperanza de ser más felices y estar más conformes, cuando estamos en el candelero, cuando vivimos en una casa grande, cuando tenemos poder, cuando podemos disfrutar todas las formas de diversión, a veces nos alejamos de lo que realmente nos sostiene y apoya. Si tenemos éxito, si creemos estar en medio del brillo y la luz, experimentamos que esto no nos alimenta como creamos. La consecuencia es que tomamos contacto con nuestro vacío, con nuestra falta de realización, con el sentimiento del sinsentido que ahora sentimos aún más, porque en la búsqueda del brillo y el éxito nos hemos alejado todavía más de lo que nos mantenía y apoyaba. Entonces buscamos más brillo, más éxito, más poder, y esperamos que *ahora* nos alimenten. De esta manera quisiéramos escapar del sentimiento desagradable de insatisfacción, de vacío. Pero sólo lo disimulamos. Dado que el brillo, el éxito, el poder se exacerban cada vez más y pierden gradualmente su sabor, quedamos finalmente menos alimentados que antes, quedamos insatisfechos a medio camino.

Cuando la sensación de sinsentido no puede ser disimulada por más tiempo, muchas personas descubrirán que no sólo han perdido su pertenencia y vínculo con las personas sino que también han perdido el sentimiento de estar unido, por ejemplo, en la creación o en algo que va más allá de ellas.

En el estado de falta de sentido, desesperanza y depresión me siento separado de mi entorno. Ya no siento el suelo bajo mis pies, no siento el vínculo con mis semejantes, ya no estoy en contacto con Dios. Si bien continúo andando sobre el suelo, continúo hablando con la gente, continúo rezando a Dios, no estoy en contacto real con él, ya no percibo aquella capa más profunda dentro de mí en la cual siento la unión con los semejantes y con Dios. Pero ni bien perdemos el contacto con esta capa nos sentimos "completamente abandonados", en un "vuelo en picada", todo nos parece "absurdo". Allí estoy, absolutamente solo, desprotegido, ya no siento los hilos que me unen a la Creación, a las demás criaturas y al Creador. Ha desaparecido aquello que me sostenía. Caigo y me hundo. Lo que antes le daba sentido y significado a mi vida parece haberse perdido. Es como si los gruesos muros de la prisión en la que me siento encerrado, me separaran de la conciencia, de la sensación y del presentimiento de un vínculo más profundo con mi entorno y mi ambiente. Y en realidad, estos gruesos muros son la razón por la cual no puedo continuar con el ritmo de vida de la Creación, no puedo ser feliz con el abrazo de la Creación, de los semejantes y del Creador.

Siento este vínculo cuando, al anochecer, paseo junto al mar Báltico. Sobre mí, un claro cielo estrellado. Escucho el murmullo de las olas que llegan a la playa, dirijo mi mirada al mar infinito. Aspiro el aire fresco de la tenue brisa que suavemente roza mis mejillas. Camino junto a las casas que, en sus ambientes iluminados, permiten ver a las personas reunidas.

Estar unido con la Creación, con el alma del mundo, con Dios

Si me siento abrazado, entonces percibo que soy parte de la Creación, que tengo suelo bajo mis pies, que tengo raíces en la tierra. Entonces estoy en contacto con mis semejantes, sé de nuestro parentesco y de nuestro idéntico origen. Presiento asimismo que estoy rodeado de algo, de Alguien, que supera mi pensamiento, mi capacidad; estoy rodeado por el Creador, por Dios.

A veces, al sentirse estrechamente unido al suelo, al ser, como el árbol, parte de la tierra, se expande una sensación agradable. El siguiente ejercicio puede contribuir a reforzar esta sensación:

Colóquese derecho y deje que su cuerpo se sienta cómodo y tranquilo. Distienda sus hombros y sus piernas, y muévase un poco en el sitio donde está parado hasta lograr una posición confortable para usted. Cierre sus ojos y siéntase como un árbol que crece desde el suelo. (Pausa)

¿Está usted abajo?

Ahora imagínese que sus raíces crecen profundamente en la tierra, debajo de sus pies. (Pausa de aproximadamente 10 segundos)

Ahora levante sus brazos e imagine que sus brazos son ramas del árbol y que usted, como el árbol, está unido a la tierra. (Pausa de aproximadamente 10 segundos)

Sienta la energía que fluye desde los extremos de sus ramas hasta sus raíces en la tierra. (Pausa de aproximadamente 10 segundos)

Siempre que desee estar en estrecho contacto con la tierra, cuando tenga la sensación de no estar vinculado a la tierra y desee sentirse como parte de la energía que fluye a través de la tierra, puede utilizar esta sensación de ser parte de ella.

En el lenguaje de C. G. Jung, estar unido a la Creación significa sentirse uno con el alma del mundo, con el *anima mundi*. Si nos sentimos unidos al alma del mundo, entonces percibiremos que nuestra alma ya no está en nosotros sino que nosotros estamos en el alma. Ya no preguntamos, entonces: "¿Tiene sentido la vida?, sino que la vida *es* en sí misma y a partir de ella". (Heisig, 1996, 146).

El hombre que padece una depresión porque ya no le ve sentido a la vida puede, con ayuda del acompañamiento y la terapia, volver a introducirse en este vínculo con el alma del mundo. El alma del mundo hará revivir a nuestra vida. Es la fuerza en nosotros que puede transformar un desierto en un jardín. Desea que nuestro desierto interior, nuestras experiencias depresivas se conviertan en una experiencia de satisfacción y realización. De la unión con el alma del mundo nace el consuelo para nosotros. Entonces nos vemos y sentimos como parte de un flujo de vida eterno que comenzó hace muchísimo tiempo y cuyo final no está a la vista. Independientemente de la tristeza que cada minuto, cada hora de nuestra vida nos provoque, este flujo eterno de vida nos sigue conduciendo fiel e inexorablemente. Aunque nos sintamos sumamente confundidos, tristes, abatidos, frente a este flujo de vida que no puede detenerse, todo se relativiza. Esto puede ser duro, pero también consolador. "Quien se ha confiado una única vez al destino, se ha liberado", dice Hermann Hesse. Entregarse al destino significa entregarse al alma del mundo.

En la oración, por ejemplo también en la oración de los salmos, el hombre religioso puede intentar llegar nuevamente a la unión con Dios. Al sumergirse en el mundo de los salmos y en la conversación con Dios, el hombre depresivo puede tomar contacto con *aquello* que lo sostiene, con lo que está unido y que nunca lo suelta. Entonces es el mismo Dios, cuyo abrazo puede experimentar en su necesidad emocional.

La depresión como el impulso para transformarse

Existe, por cierto, una depresión en la que la cuestión se trata de soportar, en la que la cuestión es atravesar el sitio estrecho que conduce de la parte superior de un reloj de arena a la parte inferior, por más difícil que nos resulte. La dificultad que ésta trae aparejada contribuye a mi conexión a tierra. Yo mismo me adentro más en la vida, en el sentido, y al mismo tiempo en el sinsentido de la vida, a la cual pertenecen las "experiencias del Gran Cañón" –el ser dominado por la belleza de la creación– *y* los absurdos y banalidades de la vida. Si me abro a tales experiencias o si tales experiencias me obligan a abrirme y enfrentar la vida, entonces me *transformo*, entonces se modifica mi óptica de la vida. Se modifica porque me he convertido en alguien que ve, que sabe. Pero si realmente puedo ver qué es esto, qué significa la realidad, seré más modesto, más humilde, más calmo, más tenue. Y precisamente de ello se trata: tener conexión a tierra, honrar la profundidad y gravedad de la vida, no continuar pasándola por alto, admitirla y experimentarla como una porción natural de nuestra vida.

Corrección y complementación

Según C.G. Jung, la depresión "no es un mero síntoma desagradable, es un desvío de la energía hacia un área que fue descuidada por una persona unilateral. La depresión es una señal que dirige nuestra atención a un estilo de vida que requiere corrección y modificación... Los sueños pueden dar una idea de la dirección extraviada. Si son correctamente interpretados, pueden dirigir la atención del que sueña hacia ámbitos subdesarrollados de su personalidad" (Fairchild, 1991, 36). Fairchild cita a tal fin el siguiente ejemplo:

"Un seminarista que estudió durante tres años, acreditado en su estudio y sus prácticas, en el último semestre fue invadido por sentimientos de inferioridad, estados de ánimo depresivos y pensamientos de suicidio. Él se alejó de sus amigos, se volvió apático y ya no cumplía con su trabajo, algo no habitual en él. Se quejaba de cansancio y desánimo y buscaba consejo con el médico de su curso. El médico le prescribió antidepresivos. Tuvo consultas de asesoramiento y, después de algunas sesiones de terapia, interrumpió la medicación. Sus sueños aumentaron. Él relató un sueño vivaz en el cual una frágil mujer, que sorprendentemente lo dominó, lo obligó a introducirse en una caja demasiado estrecha para él. Encorvado dentro de la caja cerrada, giró hasta encontrar un cierre chino que quiso descifrar. Logró abrir la caja. Llegó a una calle ancha atravesada por un campo con flores silvestres y animales pequeños. Con poca ayuda comprendió que el sueño simbolizaba la situación de aislamiento como él sentía al trabajo de los pastores. Durante toda su vida, su madre viuda le había descripto el trabajo pastoral como una vocación santa. Ella tenía la esperanza de que él continuara el trabajo de su padre, que falleció cuando él tenía doce años de edad. En realidad, él vivió la vida de otro, o como lo expresara Jung: el mito de otro. El sueño confirmó que, en caso de encontrar la llave correcta, no debería permanecer en la caja. Interiormente ya había comenzado el cambio de su vida... Después de que el joven había comprendido que tenía la libertad de elegir y estuvo interiormente liberado del modelo de su padre y de la devoradora ocupación de su madre, desapareció su depresión, y su energía se dirigió hacia fuera, hacia una vida productiva."

Llegar al fundamento

A veces, la depresión busca impulsarnos hacia un cambio radical en nuestra vida. Ella desea que irrumpamos en nuestro interior, que vayamos al fondo a fin de tomar contacto con nuestro suelo más profundo. Cuando el famoso escritor espiritual Henri Nouwen comenzó su actividad como asistente espiritual en Daybreak, una institución de Arche que se ocupa de personas discapacitadas, al poco tiempo cayó en una profunda depresión, que lo obligó a interrumpir su actividad por cierto tiempo y a buscar acompañamiento. Henri Nouwen (1997, 11ss) escribe acerca de esta experiencia:

"Fue una etapa en la cual me invadió una gran inquietud interior y profunda angustia. Me preguntaba si podría soportar mi vida, tal como la había iniciado en ese momento. Todo se derrumbaba: Mi autoestima cayó, mi energía de vida desapareció y mi afán de trabajo decayó; también mi sensación de ser amado y apoyado, así como la esperanza de sanación y mi confianza en Dios... todo. Allí estaba yo: un escritor espiritual reconocido porque ama a Dios y da esperanza a los hombres, agobiado y en medio de la oscuridad total. ¿Qué había sucedido? Me había enfrentado a mi propia futilidad y me sentía como si todo lo que le había dado importancia a mi vida, de pronto hubiera desaparecido. Frente a mí, sólo un oscuro abismo... Y precisamente en un tiempo en el que todo mi entorno me demostraba amor, atención y estima, me expresaba su admiración, yo me sentía inútil, no querido y despreciable.

Mi inquietud interior y mi angustia me paralizaron completamente. Ya no podía dormir, lloraba una y otra vez durante horas sin poder hacer algo para evitarlo. Todas las buenas palabras y los argumentos, por más convincentes, rebotaban en mí. Ya no tenía interés en las cuestiones y problemas de los demás. Perdí el apetito por la comida y dejé de sentir placer por la buena música, por las obras de arte, incluso por las bellezas de la naturaleza. Todo era oscuridad. En mí existía un grito prolongado proveniente de un lugar del que nada sabía: un lugar lleno de demonios.

Todo esto lo había provocado el repentino fin de una amistad... Esta amistad que me colmaba profundamente, abrió sin embargo un camino hacia mi inquietud y angustia.

Al poco tiempo comprendí que es imposible superar este conflicto emocional y espiritualmente penoso sin abandonar mi comunidad, sin confiarme a personas que me pudieran conducir hacia una nueva libertad. En virtud de una gracia única encontré el lugar y las personas que me ofrecieron la ayuda psicológica y espiritual que necesitaba en esa situación. Durante las seis semanas siguientes atravesé una agonía prácticamente interminable... En las primeras semanas mi estado –mi inquietud y mi angustia– pareció agudizarse. Reaparecieron antiguos puntos que causaban dolor y que estaban cicatrizados hace tiempo. De pronto, adquirieron nueva vida las experiencias angustiantes de años dejados atrás hace mucho tiempo. El fracaso de la amistad me obligó a ingresar al fondo de mi alma y determinar directamente qué se ocultaba allí, y luego, ante todo lo que aparecía, elegir la vida en lugar de la muerte. Gracias a la atención y el cuidado de mis dos acompañantes logré avanzar día a día un pequeño paso hacia la vida. Hubiera sido muy fácil caer en la amargura, el enfado, la melancolía, inclusive en pensamientos de suicidio".

El relato de lo vivido por Henri Nouwen recuerda a la experiencia del nacimiento de Dios en nosotros, tal como la describe el místico maestro Eckhart. Es la experiencia de la muerte del Ego, mi total anonadamiento, para –ahora que he dejado todo de mí, ahora que he llegado al fondo– encontrar en Dios mi auténtico fundamento. Eckhart compara el cambio que tiene lugar en mi vida con la persona que, poco antes de ser alcanzada por un rayo, da media vuelta; y con hojas que se vuelven antes de ser alcanzadas por un rayo. "Del mismo modo, ésta se da vuelta sin notar que en ese preciso instante tiene lugar el nacimiento divino". A menudo queda oculto para nosotros el cómo y cuándo de esta transformación. No nos libramos de las tormentas y tempestades que la preceden y que en parte la acompañan. Debemos soportarlas y padecerlas.

Henri Nouwen (1989, 267) cita a Iris Murdoch en su diario *Nachts bricht der Tag an (De noche amanece)*, con el objeto de ejemplificar su experiencia en el abismo:

"Es el dolor más grande y la mayor paradoja que en determinado punto... debe destruirse el yo... Entonces sólo queda oscuridad, silencio y vacío. Y Dios está allí... Donde terminan las imágenes, caemos al abismo; pero esto es el abismo de la fe".

Es una experiencia comparable a la experiencia de la "Noche oscura", que Pierre Stutz (1996, 35) refleja con gran acierto en su versión del Salmo 23:

Tú, Dios,
eres el fondo de mi esperanza.
Tú vives en mí como un profundo misterio.

Cuando llegan días de dudas,
de incertidumbre,
en los que mucho parece una gran mentira de la vida,
entonces trato de ir confiado al fondo.

Porque Tú
me conducirás a través de esta inseguridad
a la fuente de la vida,
para que en mí también puedan vivir
la debilidad y el desmayo.

Entonces nada me faltará
y yo encuentro protección en Ti.

La depresión en la mitad de la vida

Según C. G. Jung, la depresión aparece muchas veces en la
mitad de la vida, "cuando alcanzamos un estado de madurez y se
han cumplido la mayoría de los objetivos de vida y las ambiciones"
(Fairchild, 1991, 37). Roy Fairchild cita como ejemplo de ello a un
empleado gerencial de mediana edad, con gran éxito profesional,
que por la apatía y aislamiento de su familia cae en un estado de
ánimo triste. Tiene atemorizantes sueños de muerte, y
ocasionalmente pensamientos de suicidio. Según la hipótesis de
Jung, él experimenta cambios en su psiquis que exigen una
cancelación o modificación de sus metas juveniles a favor de su
"integridad" e "individualización".

En esta etapa de sus vidas, muchos atraviesan una gran crisis.
"La fragilidad de muchas circunstancias de la vida se torna tan
consciente para ellos, el denominado éxito se muestra ambivalente,
a menudo también la vida en común, y el cuerpo comienza a mostrar
sus primeros síntomas de envejecimiento. Por lo tanto, ya no
podemos evitar la toma de conciencia de que las fuerzas psíquicas y
físicas se reducen. Esta crisis de la curva de nuestra vida está marcada,
a menudo, por la sensación de haber fracasado en el pasado. El
miedo de tampoco poder aprovechar bien el presente y los años
que tenemos por delante también se ubican para muchos en un
primer lugar. Además, el miedo de haber pasado de largo junto a la
vida propiamente dicha de un modo irreparable". (Wunderli, 1990,
58s.)

Queramos reconocerlo y aceptarlo, o no, la segunda mitad de
la vida nos confronta con la realidad del envejecimiento, de la pérdida

de las fuerzas, del entusiasmo y de la confianza. Es el tiempo en el que se nos exige aceptar los límites que nos impone la edad; admitir y asimismo aceptar como parte de la vida los dolores que antes no conocíamos; y finalmente admitir el hecho de morir y de la muerte como una realidad propia. No nos regalan simplemente la posibilidad de aceptar y admitir todo esto; no tiene lugar así porque sí. Requiere desprenderse, desprenderse una y otra vez. Debemos desprendernos de la época de la juventud con todo lo que significa, con todo las experiencias de esta época cargadas de excitación, entusiasmo, ímpetu y energía, de su despreocupación y sus posibilidades aparentemente ilimitadas.

El estado de ánimo depresivo que puede surgir y extenderse dentro de mí cuando recuerdo lo pasado es adecuado, puede existir. Pero también va de la mano con la sensación de satisfacción por el pasado y por lo que es ahora, por lo que es distinto pero no menos valioso, no menos nutriente, no menos satisfactorio.

Admitir más la oscuridad en nuestra vida

Admitir más la oscuridad en nuestra vida significa permitir que la temporalidad y lo último, lo definitivo tengan su efecto radical sobre mí, que actúen sobre mí. No obstante, esto no está relacionado con un sentimiento de felicidad. Es una tormenta que nos alcanza y nos derriba. Hasta llegar al punto en el cual comienzo a sentir gusto por lo que significa ir al encuentro de la eternidad.

Hasta estar dispuesto a transitar el camino hacia mi interior con gusto y como atraído por una fuerza, debo aprobar, por regla general, exámenes dolorosos, a menudo recubiertos de innumerables experiencias de depresión. Debo aprobar estos exámenes para permitir abrirme paso, a través de estas experiencias, hacia el camino que conduce al interior. Es conveniente y necesario que yo atraviese estas experiencias que se muestran como depresiones. Son las depresiones que allanan el camino hacia mi profundidad. Son las depresiones que me dicen: debes despedirte de aquello que fue y ya no es. De forma inevitable, inexorable, radical.

La especialista en Psicología profunda Jolande Jacobi (1965, 26 y 33) lo expresa de manera muy plástica con las siguientes palabras de C. G. Jung:

> "Como crece un árbol a partir de la semilla, la vida se desarrolla de escalón en escalón. Ascenso exitoso, derrota, crisis, fracaso y nuevo comienzo demarcan el camino. Es el camino que transita la mayoría de las personas, generalmente de manera espontánea, inconsciente, sin conocimiento a lo largo del sendero laberíntico, en la esperanza y el anhelo desde el nacimiento hasta la muerte... Sólo la personalidad de quien atraviesa el camino de la vida y se mantiene con valentía en él, sólo quien se ubica en la vida con coraje, quien no le escapa a las luchas y las soluciones, quien no esquiva ninguna experiencia, madurará más completamente que la personalidad de aquel que pretendió mantenerse siempre en el lado seguro del camino.
>
> Existen... personas –y quizás sean la mayoría– que avanzan de manera lenta y casi imperceptible hacia el segundo segmento de la vida. Sin embargo, ellas pocas veces alcanzan la misma amplitud y madurez de personalidad que aquellas que deben iniciar el atardecer de sus vidas con mucho padecimiento y dolor, y que por esta causa se ven obligadas a una confrontación más intensa entre su yo y los componentes inconscientes de su psiquis. No obstante, gracias a ello también crece su oportunidad para alcanzar una integridad espiritual." *(Jacobi 1965, 33)*

A veces, embarcarse en este camino resulta cruel, irritante. A no pocos los supera. Genera resistencia, enojo, amargura. Uno quisiera rebelarse frente a ello. Pero no nos queda otra alternativa que aceptar la despedida, admitir la tristeza, atravesar la depresión, a veces también caer. Quedar tendido por un rato, en ocasiones también por un tiempo más prolongado, y finalmente un día, levantarnos otra vez, inseguros, lenta y cuidadosamente, y luego continuar.

Soportar la oscuridad dentro de uno puede significar, a veces, soportar la lucha interior, el ascenso y descenso. Puede significar transitar el camino que me lleva a mis lados oscuros, inclusive cuando esto me provoca temor. Ingreso a mi propia oscuridad para tomar confianza con ella, para escudriñarla, para conocerla. Me animo en mi oscuridad y estoy dispuesto a soportar para ello la oscuridad dentro de mí, porque sé que si voy por este camino, sabré más de mí y, finalmente seré más yo mismo. Este camino hacia lo interior, hacia mi profundidad, también hacia mi profundidad oscura, puede resultar en ciertas ocasiones un viaje al infierno en el cual soy sacudido para uno y otro lado.

La siguiente experiencia de Rainer Maria Rilke (1929, 48) puede ayudarnos a tal fin:

"No tenemos motivo alguno para tener desconfianza de nuestro mundo, ya que éste no está en contra de nosotros. Tiene sobresaltos, pues son nuestros sobresaltos; tiene abismos, pues estos abismos nos pertenecen; existen peligros, pues debemos intentar amarlos. Si disponemos nuestra vida de acuerdo con el principio que nos aconseja que siempre debemos respetar lo difícil, entonces aquello que hoy todavía nos parece lo más ajeno se convertirá en lo más fiel e íntimo para nosotros. ¿Cómo podemos olvidar aquellos viejos mitos que están al comienzo de todos los pueblos, el mito de los dragones que se transforman en el instante más extremo en princesas? Quizá todos los dragones de nuestra vida sean princesas que sólo esperan vernos por una vez bonitos y valientes. Quizá todo lo terrible sea en lo más profundo lo desamparado que quiere nuestra ayuda."

De la fuerza sanadora de la tristeza

Las depresiones están vinculadas frecuentemente con una profunda tristeza. Si estoy triste, algo sucede dentro de mí. La tristeza puede ser como un terreno húmedo de humus, ablandado por mis lágrimas y que contribuye a mi crecimiento y transformación. Cuando la depresión se vuelve tristeza comienza a sanar. Entonces pierdo la rigidez, la insensibilidad que el dolor del abatimiento me hacía sentir anteriormente pero que no me permitía tomar realmente contacto conmigo mismo. En la depresión estoy detenido: ni avanzo ni retrocedo. Me siento interiormente sin movimiento, frío, estéril, encerrado. La tristeza puede tener en sí algo cálido.

La tristeza demuestra, por lo tanto, ser sanadora. Nos pone más en contacto con nosotros mismos. Penetra en nosotros como el agua en la tierra reseca. La tristeza nos riega, nos vuelve fértiles. Nos pone en contacto con el agua subterránea de nuestra alma. Las lágrimas que –ojalá– podamos derramar en este tiempo provienen de esta agua subterránea, provienen de nuestra alma, son expresión de ella. Esta tristeza es algo absolutamente humano, natural, orgánico. No es una enfermedad, tampoco es buena ni mala. Representa un modo de ser, que nos pertenece. Esta tristeza nos pertenece y no es un problema, no es un síntoma que debamos eliminar.

En su obra *Briefe an einen jungen Dichter* (Cartas a un joven poeta) (1929, 43), Rainer Maria Rilke aborda el aspecto positivo de la depresión y la tristeza, que estimulan el crecimiento. En sus observaciones y descripciones, Rilke se revela como un gran psicólogo que logra envolver los procesos psíquicos en un lenguaje sensitivo y comprensible.

"Usted ha tenido muchas y grandes tristezas que pasaron. Y dice que también este pasaje fue doloroso y amargo para usted. Pero piense, por favor, si estas grandes tristezas no pasaron mucho más a través de usted, si no se ha transformado mucho en usted, si en algún punto, en algún lugar de su ser usted ha cambiado mientras estaba triste... Si fuera posible para nosotros ver más allá de donde llega nuestro conocimiento, y un poco más allá de las estribaciones de nuestras sospechas, quizá pudiéramos soportar con mayor confianza nuestras tristezas que nuestras alegrías. Ya que son los momentos en que algo nuevo ingresó a nosotros, algo desconocido; nuestros sentimientos enmudecen en confusa timidez, todo en nosotros retrocede, existe calma y lo nuevo, que nadie conoce, se encuentra en el medio y guarda silencio.

Creo que todas nuestras tristezas son momentos de tensión que percibimos como una parálisis porque ya no escuchamos hablar a nuestros extraños sentimientos, porque estamos solos con el extraño que ingresó en nosotros; porque todo lo conocido y habitual nos fue quitado por un momento; porque estamos en medio de un paso en el que no podemos detenernos. Por eso también pasa la tristeza: Lo nuevo en nosotros, lo que se ha agregado, ingresó a nuestro corazón, pasó a su cavidad más interna, y tampoco allí está ahora: ya está en la sangre. Y no nos enteramos qué ocurrió. Fácilmente podrían hacernos creer que nada ha sucedido, y sin embargo, nos hemos transformado, como se transforma una casa a la cual ingresó un huésped...

Cuanto más calmos, pacientes y abiertos seamos al estar tristes, tanto más firme y profundamente ingresa lo nuevo en nosotros, tanto mejor lo adquirimos, tanto más se convertirá en nuestro destino, y cuando algún día 'suceda' (es decir, que salga desde nosotros hacia los demás), nos sentiremos familiarizados con él y muy cercanos en lo más profundo de nosotros".

Continúa escribiendo Rilke (1929, 48):

"Entonces usted... no debe asustarse si una tristeza se eleva frente a usted, tan grande como nunca antes había visto alguna, como una inquietud, como luz y sombras de nubes, que pasa por encima de sus manos y sobre todo su accionar. Usted debe pensar que algo sucede en su interior, que la vida no lo ha olvidado, que la vida lo tiene en sus manos; ella no lo dejará caer. ¿Por qué quiere usted excluir de su vida alguna inquietud, alguna melancolía, si usted no sabe qué función desarrollan estos estados en usted? ¿Por qué quiere perseguirse con la pregunta relacionada con el origen de todo esto y hacia dónde quiere llegar? Si usted sabe que se encuentra en transiciones y nada desea más que transformarse."

Para que mi oscuridad vuelva a aclarar debo ingresar previamente a la oscuridad. Debo introducirme en este ámbito profundo dentro de mí, en mi "infierno" personal. "Tú me conduces hacia la amplitud, tú aclaras mi oscuridad", dice el salmo. Es exactamente de lo que se trata. Lo oscuro, lo pesado, lo triste en mí debe ser conducido hacia afuera, se le debe mostrar el camino hacia el exterior. No obstante, esto requiere ante todo soportar la oscuridad, admitir el dolor, descender al infierno de las penas para tomar contacto con mi desmayo y, en primer lugar, aceptarlo.

Debo permitir la tristeza. Si quiero soltar el nudo en mí que hasta ahora me impedía vivir completamente, entonces debo admitir la tristeza. De lo contrario, ella continuará colgada en mis cuatro paredes. Expresado gráficamente, yo quiero ventilar mi cuarto, también, para que un día vuelvan a expandirse en mí los sentimientos agradables. Ahora no debo frenar y retener a la ligera los sentimientos tristes y depresivos porque creo no poder soportar los sentimientos de tristeza. En cambio les doy la bienvenida, los invito a liberarse de la prisión en la que se encuentran y a escapar *de mí*.

Luego no debo sorprenderme si viene aún más tristeza, empellones de tristeza desprendidos ahora que el nudo se desata y que me inundan por momentos o incluso en esperas prolongadas. Quiero que esta tristeza salga y que al mismo tiempo se libere de forma paulatina el nudo en mí, hasta finalmente desatarse por completo. A veces, cuando creo no poder continuar soportándolo solo, necesito un acompañante o un amigo que esté conmigo y soporte la tristeza junto a mí.

Cuando esté interiormente dispuesto a liberar el nudo en el cual está liada cierta experiencia triste o traumática de mi vida – quizá de la corta infancia o de la juventud– entonces mi tristeza ascenderá como la niebla en la madrugada. Ella se escapa de los nichos y rincones donde, durante años, acaso décadas, estuvo oculta y atrapada. Es bueno que esto suceda, por más que ahora perciba mi tristeza con mayor intensidad que antes.

Me alejo de lo que fue, también de lo que fue importante para mí. Me despido de ello y admito la tristeza que me invade. Al mismo tiempo me dirijo también hacia algo nuevo, a lo que será, y admito los sentimientos que aparecen, tales como agradecimiento, alivio, confianza, serenidad. Ya no me rebelo por no tener lo que alguna vez tuve o deseé tener. Ya no me aferro a las cosas o a las personas que no están disponibles para mí. Soporto todo lo que se forja y mezcla en mí cuando me desprendo de lo que fue y hago lugar a lo que será. Esto crea en mí, pone algo en movimiento dentro de mí. Entonces algo se marcha, algo se desmonta, aquello que hasta ahora estorbaba en el camino de la continuación del crecimiento orgánico. Entonces vuelve a fluir en mí lo que estaba paralizado. Algunas cosas se reanudan en mí, otras se disponen de otro modo y se reforman para que yo pueda responder a la nueva situación y pueda vivir bien con ella.

Depresión y soledad

Existen personas que se deprimen porque se sienten solas, solitarias. Anhelan contactos y relaciones y están tristes y desmoralizadas cuando deben prescindir de los anhelados contactos.

Estoy estancado, no puedo más, no puedo salir de mí mismo, me siento ensimismado, separado del colorido mundo exterior. Me sucede lo mismo que a Job: "Hizo alejar de mí a mis hermanos, y mis conocidos como extraños se apartaron de mí. Mis parientes se detuvieron, y mis conocidos se olvidaron de mí. Los moradores de mi casa y mis criadas me tuvieron por extraño; forastero fui yo a sus ojos" (Job 19, 13-15). Siento que me falta algo, que extraño algo. Algo se mueve en mí, algo que fue descuidado se hace notar, ya no está dispuesto a pasar inadvertido, a que le impidan vivir y disfrutar la vida. Veo a los demás, veo cómo aparentemente disfrutan la vida, emprenden cosas, ríen, bailan, aman, conversan, y allí estoy yo, encerrado en mi mundo que considero desnudo, estéril, inerte, no atractivo, indigno de amor. Yo mismo me siento frío, poco interesante, no merecedor de amor. No sólo me siento apartado del mundo que existe fuera de mí, sino que me siento inclusive apartado de mí mismo. No estoy en contacto con el que realmente soy. Me veo desfigurado. Mi traje interior de experiencias y sentimientos está desfigurado, o al menos yo lo veo desfigurado.

Quien haya visto la película "El hombre elefante" del director canadiense David Lynch, quizá recuerde la horrible y repugnante figura de esta criatura humana, que exteriormente semeja más a un animal que a un hombre. Ésta puede ser la imagen que las personas depresivas y solitarias tengan de sí mismas, o al menos es el rostro que marca su mundo de experiencias y sentimientos.

Para salir "del pozo" en una situación así, a veces es necesaria la ayuda de amigos y acompañantes que proporcionen la experiencia de no estar solos. En caso de motivos más profundos que provoquen el sentimiento de alejamiento o el sentimiento de no ser querido y amado por los demás, puede ser necesario que sean observados y tratados con ayuda profesional.

En ciertas ocasiones, sin embargo, puede ser importante soportar la soledad para vivir la experiencia de que en nosotros existe mucho de lo que buscamos en los demás. Al soportar la tristeza y el dolor puede suceder, una y otra vez, que –una vez que atravesamos esta experiencia– nos encontremos a nosotros mismos, que descubramos en nosotros el tesoro que buscamos en otro lugar.

Daejo visitó al Maestro Baso en China.

Baso preguntó:

"¿Qué buscas?"

"Iluminación", respondió Daejo.

"Tú mismo tienes un arca del tesoro. ¿Por qué buscas afuera?", preguntó Baso.

Daejo quería saber: "¿Dónde está mi arca del tesoro?"

Baso respondió: "Lo que preguntas es tu arca del tesoro".

Daejo se iluminó. A partir de ese momento, le insistía a sus amigos:

"Abran su arca del tesoro y sírvanse de sus tesoros".

Precisamente en la experiencia de la soledad se evidencia cómo es lo trágico, lo difícil, el lado oscuro de nuestra vida. Ellos no deben ser suprimidos de nuestra vida. Muchas veces debemos atravesarlos, soportarlos y permitir que ellos nos acerquen más a nuestro verdadero y auténtico ser.

Epílogo

"Vivirá vuestro corazón"

He tratado de presentar las distintas formas de depresión y los caminos hacia su curación. Fue importante para mí una visión espiritual de la depresión que también pregunta por su sentido y considera, en un sentido cristiano e integral, las experiencias de oscuridad como correspondientes a nuestra vida, pero que también confía en la ayuda de Dios. Este modo de observación está expresado en el Salmo 69 con palabras maravillosas, tan airadas, humildes, como desesperadas y llenas de confianza, que aún en la actualidad pueden tener un efecto liberador.

Si usted lee o reza este salmo, trate de entregarse cada vez más al texto. Admita todos los pensamientos y sentimientos que afloran en usted durante la lectura o la oración. Si tiene la oportunidad, intercambie las experiencias que vive con otra persona o, en forma de oración, lleve ante Dios lo que le ha provocado.

Sálvame, oh Dios,
porque las aguas han entrado hasta el alma.

Estoy hundido en cieno profundo,
   donde no puedo hacer pie;
he venido a abismos de aguas,
   y la corriente me ha anegado.
Cansado estoy de llamar;
   mi garganta se ha enronquecido;
Han desfallecido mis ojos
   esperando a mi Dios.
Pero yo a ti oraba, oh Jehová, al tiempo de tu buena voluntad.
Oh Dios, por la abundancia de tu misericordia,
por la verdad de tu salvación, escúchame.
Sácame del lodo,
   y no sea yo sumergido;
sea yo libertado de los que me aborrecen,
   y de lo profundo de las aguas.
No me anegue la corriente de las aguas,
ni me trague el abismo,
ni el pozo cierre sobre mí su boca.
Respóndeme, Jehová, porque benigna es tu misericordia.
Mírame conforme a la multitud de tus piedades.
No escondas de tu siervo tu rostro,
porque estoy angustiado;
   apresúrate, óyeme.
Acércate a mi alma, redímela;
líbrame a causa de mis enemigos.
Tú sabes mi afrenta, mi confusión y mi oprobio;
delante de ti están todos mis adversarios.
El escarnio ha quebrantado mi corazón,
   y estoy acongojado.
Esperé quien se compadeciese de mí, y no lo hubo;
y consoladores, y ninguno hallé.
Me pusieron además hiel por comida,

Y en mi sed me dieron a beber vinagre.
Sea su convite delante de ellos por lazo,
y lo que es para bien, por tropiezo.
Sean oscurecidos sus ojos para que no vean,
y haz temblar continuamente sus lomos.
Derrama sobre ellos tu ira,
y el furor de tu enojo los alcance.
Sea su palacio asolado;
en sus tiendas no haya morador.
Porque persiguieron al que tú heriste,
y cuentan del dolor de los que tú llagaste.
Pon maldad sobre su maldad,
y no entren en tu justicia.
Sean raídos del libro de los vivientes,
y no sean escritos entre los justos.
Mas a mí, afligido y miserable,
tu salvación, oh Dios, me ponga en alto.
Alabaré yo el nombre de Dios con cántico,
lo exaltaré con alabanza.
Y agradará a Jehová más que sacrificio de buey,
o becerro que tiene cuernos y pezuñas.
Lo verán los oprimidos, y se gozarán.
Buscad a Dios, y vivirá vuestro corazón,

Bibliografía

Jurjen Beumer: *Henri Nouwen. Sein leben – sein Glaube* (Su vida – su fe), Friburgo, 1998.

Ludwig Binswanger: *Melancholie und Manie* (Melancolía y manía). Estudio fenomenológico, Pfullingen, 1960.

Jorgos Canacakis: *Ich sehe deine Tränen. Trauern, Klagen, Leben können* (Veo tus lágrimas. Poder llorar la muerte, lamentar, vivir), Stuttgart, 1987.

Roy Fairchild: *A Pastor's Guide to Counseling Depressed Persons*, Nueva York 1980; Alemán: *Seelsorge mit depressiven Menschen* (Asistencia espiritual con personas depresivas), Maguncia, 1991.

Anselm Grün: *Chorgebet und Kontemplation* (Oración coral y contemplación), Münsterschwarzach, 3ª edición revisada y actualizada, 2002.

Daniel Heisig: *Die Anima: Der Archetyp des Lebendigen* (El ánima: El arquetipo del ser vivo), Zurich, 1996.

Daniel Hell: *Welchen Sinn macht Depression?* (¿Cuál es el sentido de la depresión? Un ensayo integrador), Hamburgo, 1997.

Thomas Hora: *Existential Metapsychiatry*, Nueva York, 1977.

Jolande Jacobi: *Der Weg zur Individuation* (El camino hacia la individualización), Zurich, 1965.

Rollo May: *The Cry for Myth*, Nueva York, 1991.

Thomas Moore: *Care of the Soul*, Nueva York, 1994.

Wunibald Müller: *Du machst mir das Dunkel hell.* (Tú me aclaras lo oscuro. Acompañamiento de ayuda espiritual para personas depresivas), Hamm, 1990.

Wunibald Müller: *Gemeinsam wachsen in Gruppen* (Crecer juntos en grupos), Maguncia, 1990.

Wunibald Müller: *Meine Seele weint* (Mi alma llora. Efecto terapéutico de los salmos para el trabajo de duelo), Münsterschwarzach, 1997.

Henri Nouwen: *Nachts bricht der Tag an* (De noche amanece), Friburgo 1989.

Henri Nouwen: *Der inneren Stimme der Liebe vertrauen* (Confiar en la voz interior del amor), Friburgo, 1997.

Fritz Perls: *Gestalt Verbatims* (Sueños y existencia), Lafayatte, 1969.

Rainer Maria Rilke: *Briefe an einen jungen Dichter* (Cartas a un joven poeta), Leipzig, 1929.

Laura Epstein Rosen y Xavier Francisco Amador: *Wenn der Mensch, den du liebst, depressiv ist* (Cuando la persona a la que amas es depresiva), Berna, 1998.

Barbara Schraut: Psychische Erkrankung oder spirituelle Krise? *Depression oder "Dunkle Nacht"?* (¿Trastorno psíquico o crisis espiritual? ¿Depresión o "noche oscura"? Consideraciones sobre la diferenciación entre los trastornos psíquicos y las crisis espirituales y su acompañamiento), Wurzburgo, manuscrito inédito, 1998.

Pierre Stutz: *Du hast mir Raum geschaffen* (Me has proporcionado un espacio). Oraciones en salmos, Munich, 1996.

David Switzer: *The Minister of Crisis Counselor*, Nashville, 1986.

Dietmar Stiemerling: *10 Wege aus der Depression* (10 caminos para salir de la depresión. Modelos explicativos de psicología profunda y conceptos de tratamiento de la depresión neurótica), Munich, 1995.

Jürg Wunderli: *Und immer die große Leere* (Y siempre el gran vacío. La depresión narcisista y su terapia), Zurich, 1990.

Índice

Otros libros sobre salud publicados por Bonum

CONSULTORIO ABIERTO

Dr. Dario Mindlin

El doctor Darío Mindlin nos acerca este libro que nació con la idea de hacernos asequible la compresión del porqué de ciertas indicaciones médicas que, aunque no podemos comprender, tienen un fundamento válido. Esta guía de consulta es una herramienta para saber más sobre nuestra salud y la de nuestros seres queridos.

Los temas que abarca van desde la concepción hasta la tercera edad con un claro y profundo tratamiento.

Consultorio abierto nos provee la información necesaria para conocer los posibles tratamientos para curar ciertas enfermedades y, en el mejor de los casos, para saber cómo prevenirlas.

ACTITUD Y ACEPTACIÓN PARA ENFRENTAR LA ENFERMEDAD

Patricia Miccio

Con una actitud increíblemente positiva y una entera y calma aceptación, Patricia enfrentó y superó su enfermedad.

Este libro nació de la absoluta convicción de que una figura tan querida y admirada, tiene un ascendente especial en todas las mujeres a las que deseamos hacer llegar un sencillo pero certero mensaje: hay que prevenir controlando y, en caso de que se esté enfermo, hay que aliarse con la vida aceptando los tratamientos, confiando en los médicos y creciendo espiritualmente del modo que a cada uno le haga bien: rezando, meditando, rodeándose de afectos, etc.

Estas páginas son el testimonio de un ser especial que, sin quererlo, se ha transformado en un ejemplo esperanzador para muchas personas.

Este libro se terminó de imprimir
en marzo de 2007 en Buenos Aires Print,
Anatole France 570, Sarandí
Provincia de Buenos Aires
Tirada: 1800 ejemplares